As Chaves do Reino

A parte histórica deste romance é verdadeira e os nomes citados estão de acordo com os testemunhos da época, mas a parte romântica é pura inspiração, qualquer semelhança com a realidade é mera coincidência.

AS CHAVES DO REINO

Seguindo os passos de ANCHIETA

Romance Histórico

L. Palhano Júnior

LACHÂTRE

Direitos de publicação cedidos ao Instituto Lachâtre
Caixa postal: 164, Cep.: 12914-970, Bragança Paulista, SP.
Fone/Fax: (11) 4063-5354

Capa: César França de Oliveira

Imagem da Capa: Anchieta e Nóbraga na cabana de Pindobuçu (B. Calixto)
Imagem da folha de rosto: Nóbrega abençoa Anchieta (B. Calixto)
Imagem bertura do Álbum de fotografias: Poema à Virgem Maria (B. Calixto)

2ª edição – maio de 2016
Tiragem: 3.000 exemplares

P166c CIP-Brasil. Catalogação na fonte

Palhano Jr., Lamartine, 1946-2000

As chaves do reino, seguindo os passos de Anchieta. Romance histórico / L. Palhano Jr., 2ª edição, Bragança Paulista, SP: Lachâtre, 2016.

192 p.

Contém fotos históricas de José de Anchieta.

1.Romance espírita. 2.Romance histórico luso-brasileiro. 3. Espiritismo. I.Título. II Album fotográfico.

CDD 133.9 CDU 133.7
B869.3 869.0(81)-3

Impresso no Brasil
Presita en Brazilo

E eu te darei as chaves do Reino dos Céus; e tudo o que ligares na Terra será ligado nos Céus, e tudo o que desligares na Terra será desligado nos Céus.

Jesus (Mateus 16,19)

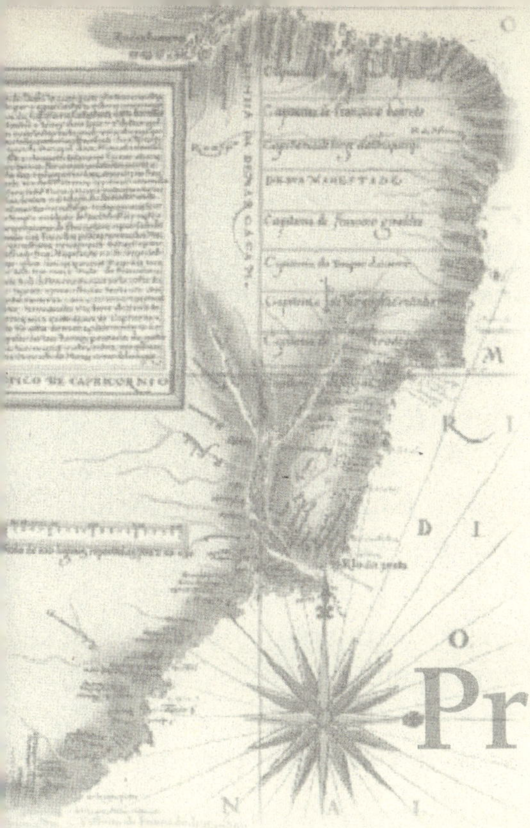

Preâmbulo

Tudo começou quando tive oportunidade de visitar a família lusitana Simões Pereira, na sua quinta próxima ao Tejo, em Salvaterra dos Magos, quando de uma viagem minha à Europa para conhecer os lugares que me interessavam para completar minha tese de teologia sobre a evolução da ideia religiosa. O Tejo, esse rio histórico em cujo estuário se encontra a grande e formosa cidade de Lisboa, parecia querer falar-me alguma coisa que para mim era incompreensível.

Jamais poderia imaginar que ali encontraria os fundamentos de uma história maravilhosa de romance e aventuras nas selvas e nos mares do Brasil. A história confunde-se com o romance; os sentimentos, com a realidade.

Cheguei pela manhã e fui recebido mui cordialmente pela família para passar alguns dias para repouso e turismo, pois, antes de tudo, estava muito precisado de descansar a cabeça das lides do dia-a-dia no Brasil. Recebeu-me a sra. Adelaide Rodrigues Simões Pereira, matrona de aspecto respeitável, parecendo ser a pessoa que cuidava diretamente de todos os afazeres administrativos da vida doméstica. Convidou-me a entrar e mostrou-me a casa grande, deixando-me à vontade:

– Eduardo, meu marido, logo virá da cidade. Nós estávamos à sua espera. Enquanto isso – mostrando-me o quarto de hóspede –, pode ficar e descansar quanto quiser, meu amigo.

Eu havia chegado do Brasil naquela manhã, em vôo direto, e realmente precisava descansar. Um bom banho e um cochilo bem caprichado me renovariam o ânimo e o bem-estar. Depois, uma refeição portuguesa seria uma boa pedida.

Retirei-me para o aposento, percebendo o quanto era agradável o ambiente. Os cuidados com os móveis antigos, os rendados, as cortinas, o tapete com gravuras interessantes, amaciando os meus pés cansados do tênis novo, que havia comprado só para essa viagem de turismo.

Dormi profundamente, só acordando quando uma serviçal veio chamar-me para a refeição com os donos da casa. Fiquei conhecendo o sr. Eduardo Simões Pereira, com quem logo fiz amizade. Contei casos do Brasil e ouvi relatos das terras portuguesas. Trocamos ideias e acabamos fazendo planos para passeios e visitas. O sr. Eduardo era um sessentão, possuidor de um largo bigode, cabelo grisalho partido no meio da cabeça, alegre, inteligente e de boa formação cultural.

Fomos a Lisboa, viajando ao longo do Tejo, rumo ao Atlântico. Diversas praças públicas, muitas estátuas dos heróis portugueses, avenidas largas, alamedas cercadas de grandes árvores, parques floridos... Depois, o Teatro São Carlos e o castelo de São Jorge, onde um dia residiram os reis. Lá estava a torre de Belém, construída no início do século XVI, em homenagem ao corajoso Vasco da Gama.

Entretanto, tudo isso ficou para segundo plano quando ouvi, aqui e ali, histórias do passado daquela família – os Simões Pereira. Os primeiros antepassados estavam perdidos pelos tempos da antiguidade, como bem se sabe, pois que Lisboa e toda a região foram inicialmente colonizadas pelos antigos gregos, cartagineses e romanos. Os visigodos ali chegaram por volta do século V d.C. Mais tarde os mouros, muçulmanos do norte da África, conquistaram a cidade no século VIII. Somente no século XII é que Afonso I, o Conquistador, primeiro rei português, também conhecido como Afonso Henriques, retomou a cidade dos mouros com a ajuda das milícias cristãs. A cidade cresceu e veio a tornar-se a capital no século XIII. Nos séculos XV e XVI, porém, a grande cidade serviu como quartel para os aventureiros exploradores que construíram as possessões e o poderio de Portugal na África, na Ásia e na América do Sul.

O sr. Eduardo conversava muito comigo e fazia questão de mostrar-me os feitos de seus antepassados; aliás, eu mesmo era um Pereira da Silva, neto de um engenheiro português que emigrou para o Brasil, casado com uma descendente dos condes de Campagnane, da Itália. Interessei-me muito por aquelas histórias. Fiquei admirado por estar tão interessado numa área de conhecimento que não era propriamente a minha – história. Estava como que magnetizado pelas narrações. Só mais tarde fui saber a razão disso.

Na sala principal do casarão, existiam várias pinturas nas paredes. Muitas retratavam os antepassados da família Simões Pereira, mas um desses quadros chamou-me mais a atenção. Perguntei para o sr. Eduardo:

– De quem se trata?

– Esse é um meu antepassado do século XVI, famoso negociante da época, responsável por favorecer muitas viagens marítimas com contribuições financeiras. Trata-se do fidalgo Theóphilo Barreiros de Simões Pereira.

– Ah! Bem!... Interessante. Theóphilo... Theóphilo...

Estranhamente pareceu-me tê-lo conhecido em algum lugar, mas não dei muita importância àquele sentimento. O sr. Eduardo, vendo-me assim tão interessado, falou-me:

– Meu caro, no último pavimento da casa, sob o telhado, existem muitas lembranças dos tempos remotos e algumas devem ser do interesse da Biblioteca Nacional de Portugal, que está em Lisboa. Estou a separar os livros e documentos para enviar aos responsáveis. Acho que servirão, pelo menos para alguns dados históricos. Depois mostrar-lhe-ei.

Na primeira chance, o sr. Eduardo levou-me até o último pavimento, diria uma espécie de sótão, bem grande. Estavam ali vários baús e armários. Ele foi mostrando e informando sobre a arrumação que estava providenciando. Abriu intencionalmente um grande baú e de lá tirou uma caixa antiga, fechada com uma grande chave.

– O meu amigo é do Brasil e isso deve interessar-lhe, pelo menos ler as narrativas que existem aqui, pelo interesse que vem demonstrando sobre a história de nossos antepassados. Fique com a caixa enquanto estiver aqui e sei que vai gostar de ler tudo.

– Está bem. Tenho bastante tempo para isso.

Mal pude esperar que viesse a noite e toda a sua calma para que pudesse dar uma olhada nos documentos. Eles estavam muito bem conservados. Eram cartas e estavam por ordem das datas. Cartas que vieram do Brasil colônia para Portugal, endereçadas a Theóphilo Barreiros de Simões Pereira. Quem assinava era um tal de Matias Gonçalo de Lucena, um vizinho de Theóphilo.

Quando li o nome Matias, fiquei como que enfeitiçado, parecia que ele era eu mesmo. Compreendi mais tarde que aconteceu comigo um fenômeno conhecido pela parapsicologia como *déjà-vu* – a ideia de que já havia acontecido antes. "Que será isso?" – perguntei para mim mesmo. "Não pode ser! Parece que Matias sou eu mesmo!..."

Não parei de ler; a cada página, lembrava-me de tudo. Eu vivi todas aquelas aventuras descritas ali e, a cada passo, os fatos coincidiam mais com minha existência atual. No final da leitura, contei-os para o sr. Eduardo e ele, que era uma pessoa ligada à Federação Espírita Portuguesa, conhecia uma senhora espírita, médium, que morava num sítio próximo. Sugeriu-me que a visitasse.

Minha formação religiosa de família era católica romana. Estudei por muitos anos em colégio administrado por padres, mas, ao entrar para a universidade, percebi que as instruções de batismo não combinavam com a realidade da vida, nem a material, nem a espiritual. Desde então, havia encontrado no espiritismo as explicações necessárias para o entendimento das coisas do espírito. Contudo, estava apenas começando a interessar-me pela doutrina espiritualista de Allan Kardec. Concordei em ir visitar a médium, embora não possuísse muita prática espírita.

D. Maria do Perpétuo Socorro nos recebeu amigavelmente e disse que estava orientada para atender apenas no grupo espírita que frequentava, porém, vendo que eu era um visitante e o assunto era para estudo, concordou em abrir um espaço para percepções medianímicas ali mesmo, em sua casa. Explicamos a causa de nossa visita e marcamos um horário que lhe fosse conveniente.

No dia seguinte, na hora marcada, voltamos a visitá-la e nos assentamos em volta da mesa de refeições. Ela abriu o livro *O evangelho segundo o espiritismo*, sem procurar uma página específica, e disse:

– A lição que me aparece aqui na página esquerda é sobre o "Esquecimento do Passado". Parece ser o nosso assunto, por isso acredito que os nossos amigos espirituais guiaram as minhas mãos, mostrando que estão presentes e interessados no estudo que deveremos fazer.

Depois, leu um pequeno parágrafo:

> Não é apenas depois da morte que o espírito recobra as lembranças do passado; pode-se dizer que não as perde jamais, porque a experiência prova que na encarnação, durante o sono do corpo, quando goza de uma certa liberdade, o espírito tem consciência de seus atos anteriores; ele sabe por que sofre e que sofre justamente; a lembrança não se apaga senão durante a vida exterior de relação. Mas, à falta de uma lembrança precisa, que poderia lhe ser penosa e prejudicar suas relações sociais, ele haure novas forças nesses instantes de emancipação da alma, se os sabe aproveitar.

Em seguida, d. Maria proferiu uma prece em meu benefício e pediu a assistência dos bons espíritos. Ao terminar a prece, ela disse:

– Está aqui o meu guia espiritual, Fulgêncio, e ele se predispôs, a título de estudo, a nos esclarecer sobre a questão colocada. Diz ele que, não apenas no sono físico é possível viajar no tempo psíquico, passado e futuro, mas também quando sofremos algum tipo de transe, seja espontâneo ou não, quando recebemos um forte estímulo capaz de desencadear lembranças guardadas no que chamam de inconsciente.

"O que aconteceu com o nosso amigo brasileiro foi um fenômeno psíquico já conhecido dos pesquisadores – o famoso *déjà-vu*. Quando ele tocou e leu as cartas antigas, que ele mesmo havia escrito, recordou-se de sua encarnação como Matias de Lucena (a médium não sabia o nome do signatário das cartas). Se ele fizer um balanço de sua vida atual, verá que muitas coincidências existem com a vida de Matias, no século XVI. Na leitura, ele abriu um canal psíquico que o ligou à sua vida no século XVI, quando esteve no Brasil, por muitos anos. Não se trata de mediunidade propriamente dita, mas de um transe anímico que o fez se ligar a cenas de seu próprio passado. Deve prestar bastante atenção, pois que sua vida atual tem muita relação com o aprendizado que teve naquela época junto a um sacerdote de grande poder e santidade. A seu tempo, tudo compreenderá."

Anotei todas as informações e, depois, quando voltamos para a casa grande, solicitei ao sr. Eduardo que deixasse aqueles registros comigo para que os estudasse mais profundamente. Ele, compreendendo a minha firmeza em estudar o assunto e a relevância do tema, emprestou-me os originais, pedindo que os devolvesse assim que terminasse a análise e que, inclusive, poderia tirar cópias, se o quisesse fazer.

Inicialmente, separei os manuscritos e selecionei os mais legíveis e que me pareceram importantes. Distribuí as cartas em capítulos, procurando seguir as datas da melhor forma possível. Todos os capítulos estão aqui neste dossiê para quem os quiser consultar e verificar os fatos, que envolvem romance, aventura e história.

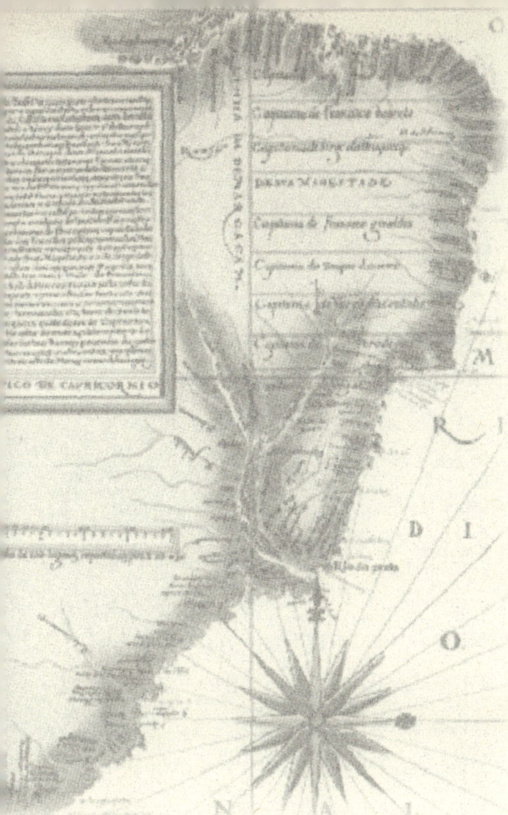

1

Como sabes, amigo Theóphilo, sou natural de Portugal, nascido no solar dos Lucena, nas margens do Tejo, de família fidalga que pôde dar-me muitos estudos. Inicialmente, meus pais queriam que eu, o menino Matias Gonçalo de Lucena, me preparasse para servir a igreja como sacerdote. Fui encaminhado para a universidade de Coimbra e depois deveria escolher a ordem eclesiástica com que mais simpatizasse.

Aprendendo ofício na universidade, principalmente no domínio das artes e letras, entrei em contato com a história dos grandes navegadores portugueses e suas viagens maravilhosas, procurando outros ventos e buscando novas terras e novos domínios. Compreendi de imediato que aquele era o meu destino cujo rumo logo procurei tomar. Conversei com meu pai, Antônio de Lucena, homem vivido, negociante de mão cheia, que, diante de minhas palavras tão decisivas, confessou-me que não esperava outra coisa de mim senão seguir-lhes os passos, mas que mamãe, d. Luíza dos Trasmontes Gonçalo de Lucena, fazia questão de ter um filho na igreja, pois isso significava segurança e até um certo poder, já que eu tinha estudos e poderia alcançar altos cargos.

Meu pai colocou-me a par dos negócios e mostrou suas três caravelas, uma de doze braças[1] e as outras duas menores, orientando-me:

– Assim que estiveres pronto, gostaria de confiar-te uma viagem às novas terras do Cruzeiro do Sul, onde há boa madeira e alguns já estão produzindo açúcar.

Depois que fiz algumas viagens pela costa sul da Europa, evitando os pontos de guerra, para trocar mercadoria e vender produtos do Novo Mundo que aportaram em Lisboa, chegou a minha vez, como navegador, de avançar nos mares. Tu, caro Theóphilo, conheceste-me nessa época, quando eu estava repleto de sonhos de aventuras, embora já um tanto experimentado no mar. Parecia-me estar revivendo o período das grandes viagens dos fenícios.

Vim para o Brasil e entrei na Bahia de Todos os Santos em 1554, com a caravela carregada de encomendas e muitas ferramentas. Contava aí os meus vinte e sete anos de idade. Estava apenas com a nau maior; as duas caravelas menores ficaram com meu pai, em Portugal.

A minha caravela era, por assim dizer, uma verdadeira nau: pesava cerca de cinquenta e duas toneladas e possuía uma alta estrutura de proa, a que chamamos de castelo de proa, e uma outra estrutura de popa bem mais alta, o castelo de popa. Tinha quatro mastros, o de proa, que sustentava as velas quadradas, e os três outros que erguiam as velas redondas, mais conhecidas como latinas. Na verdade, são triangulares, mas ao vento ficam com o bojo arredondado. Possuía um grande convés a meia-nau. Essas caravelas eram um misto da engenharia europeia

[1] Aproximadamente vinte e cinco metros.

com a dos mouros e o resultado foi excelente para cruzar os mares mais longínquos.

Por essa época, a sede principal da Bahia de Todos os Santos, a Vila do Pereira, já estava em decadência. Havia sofrido, desde o início, muitas investidas dos índios, culminando com a morte do donatário Francisco Pereira Coutinho. Mas, em 1548, o rei comprou a capitania dos herdeiros para instalar o governo do Brasil; ela seria a capitania real. Logicamente, pensei em instalar a sede da nossa companhia de navegação na capital da colônia. Salvador foi fundada logo depois, em 1549. Ela foi a primeira cidade do Brasil. Dali poderia me expandir, tanto para o norte quanto para o sul.

Depois de observar bem o que acontecia por estas bandas, escrevi a meu pai dizendo que os produtos brasileiros para a venda em Portugal estavam sendo produzidos em lugares diferentes e que seria melhor que permanecesse por aqui, colhendo-os e enviando-lhe os resultados. Ele poderia mandar outro barco ou daqui mesmo contrataria frete.

Fomos fazendo isso. Eu viajava pelas costas do Brasil, levando encomendas e comprando produtos brasileiros, principalmente madeira de lei, açúcar, farinha de mandioca, castanhas e variados tipos de coco. Bem sabes que meu pai veio a falecer e deixou-me todos os seus negócios e mais os navios. Depois de acertar todos os problemas de Portugal concernentes aos bens de meu pai, resolvi que retornaria ao Brasil e por aqui permaneceria enquanto houvesse negócios a realizar. Viajei muito nos mares do Brasil, de costa a costa.

Desejei visitar a capitania de São Vicente, pois ali havia sido instalado o primeiro engenho no Brasil, e com muito sucesso, por Martim Afonso de Sousa. Soube de notícias suas quando estava ainda em Portugal. Sua capitania, inicialmente, era dividida em dois lotes imensos, um que correspondia à região do Rio de Janeiro e que permaneceu por algum tempo abandonado, o outro era a região do sul da colônia. Martim Afonso empreendeu uma grande expedição em 1530, depois deixou o Brasil e nunca mais voltou. Sua mulher, a valorosa Ana Pimentel, é que comandou tudo por ali. As primeiras vilas foram as de Todos os Santos, Nossa Senhora da Conceição de Itanhaém, Iguape, Santo André da Borda do Campo e São Paulo de Piratininga. A produção mais forte da capitania era a cana-de-açúcar.

Nessa viagem a São Vicente, conheci um noviço jesuíta que, de certo modo, modificou todo o meu modo de pensar em relação aos conceitos cristãos e, basicamente, não voltei a pensar em ser padre, porque ele mesmo não deixou. Certo dia, disse-me:

– Tu estás completamente pronto para servir ao Cristo, pois o teu coração é grande e, a seu modo, podes levar o exemplo cristão a muitos, sem que, necessariamente, tenhas que ser padre.

Conheci o padre José em 1555, quando eu estava ancorado em São Vicente. Ele aguardava, com outros irmãos e alguns índios, a chegada da minha nau, pois tinha como missão receber material enviado pelos jesuítas da Bahia. Convidou-me, humildemente, a visitar Piratininga e o colégio de São Paulo, lá no planalto. Como eu ficava algum tempo em cada lugar, reabastecendo a nau e pegando novas encomendas, sobrava-me tempo para ir ter com os jesuítas e escutar suas histórias. Falavam de suas peregrinações, de suas entradas pelo sertão e mil e uma aventuras. De certo modo, para mim era agradável ouvir aqueles homens, que mais pareciam eremitas, vivendo como podiam naqueles dias duros, quando não se tinha ainda no Brasil o conforto dos palácios, mosteiros e abadias de Portugal e da Espanha. Soube que a alimentação deles naqueles tempos era muito precária, constando de raízes de plantas, folhas de mostarda, e esperavam pela revoada das formigas içás para as comerem. Muitas vezes, comiam o que tinham aprendido com os próprios índios: larvas brancas de cupins com farinha de mandioca.

Foi aí que, vendo essas dificuldades todas, inclusive do vestiário deles, rasgado e roto, me propus a, sempre que pudesse, reabastecer o colégio de São Paulo e outros grupos de abnegados jesuítas que ia encontrando no labor da catequese e na proteção do índio.

Começo a escrever-te sobre o padre José, pois que meu coração arde de saudade desse amigo que se foi há alguns dias destas terras para o céu, para as plenitudes celestiais, como dizia ele. Quero compartilhar contigo os favores do céu que todos nós, que convivemos com ele, recebemos e parece que continuamos a receber, mesmo depois de sua morte. Isto posto, pois que muitos testemunham terem sido ajudados espiritualmente, quando em dificuldade, o evocam em nome de Deus.

Sei que gostarias de saber destas coisas, pois tu mesmo ficaste impressionado com aquel'outro jesuíta, Francisco Xavier, que espalhou o evangelho no Oriente e tu mesmo conheceste pessoalmente. Este outro de cá, meu amigo, o padre José, queria todo o tempo prestar o mesmo testemunho, ser imolado como mártir, mas Deus não quis assim, já que ele era muito necessário nos trabalhos daqui.

De todas as maneiras, parecia um capricho do destino, volta e meia o encontrava em alguma vila deste Brasil imenso, conversava muito com ele e com seus irmãos. Talvez por isso tenha adquirido uma consciência cristã bem acima da que se vê normalmente por aí. Padre José parecia ter vivido as próprias cenas do evangelho de Jesus, pois, quando ele pregava, não ficava apenas na análise superficial, mas ia muito profundamente no significado do ensinamento, e o mais impressionante é que todos pareciam entendê-lo perfeitamente.

Quando não o encontrava pessoalmente, chegava a uma vila na qual ele havia estado recentemente e aí contavam-me os prodígios que ele havia realizado, ora no tratamento de uns, ora na doutrinação de outros, ora em feitos que só podiam ter acontecido com a ajuda de Deus. Ficarás sabendo de tudo até que termine este relato para ti.

Ele tinha uma presença que não condizia com seu corpo. Era pequeno, magro, meio corcunda, barba rala, olhos azulados, mas sempre passava uma certa grandeza de viver, uma alegria de quem cumpre o seu dever muito bem. Bem sabes que as virtudes andam sempre juntas, daí ser possível dizer que o padre José era perfeito em todas: oração, devoção, mansidão, confiança na providência divina, obediência, humildade, desprendimento, paciência e castidade, mas era, sobretudo, irrepreensível na fé, na esperança e na caridade, esta com muita abnegação.

Nunca o viram agastado com alguém, nem com os de casa, nem com os de fora, tudo era resolvido com brandura. Era compassivo para com os atribulados e atentados. Sabia aplacar as iras por mais terríveis que fossem e consolar os sofredores. Vale a pena escutares-me, ó Theóphilo. Aprenderás, como eu aprendi, a amar a Deus sobre todas as coisas e ao próximo como a mim mesmo, vivendo os exemplos cristãos do padre José. Aliás, foi pelos exemplos dele que pude aguentar todas as minhas desditas, sobre as quais falarei com o avançar de meus relatos.

2

Quando vim para o Brasil, deixei em Portugal, além de meu pai, a minha esposa, d. Rosita Ortega de Gouveia, filha de família também fidalga, com raízes maternas na Espanha. Seu pai, Armínio de Gouveia e Gouveia, português, também negociante, e sua mãe, d. Inácia Armandez de Ortega, eram pessoas muito consideradas e honestas, cujos dotes de nobreza herdou minha honrada Rosita, que mui desesperadamente deixei para trás, mesmo sabendo que era por pouco tempo.

Tão logo percebi que não deveria voltar para Portugal, pedi a meu pai que ma enviasse com todos os objetos que nos pudessem ser úteis aqui. Assim foi feito. Ela aqui chegou tão bela quanto a havia deixado: sua tez alva, seu olhar cristalino, deixando passar um suave tom de meiguice em sua face rosada, seus lábios encantadores... Vestia-se à moda europeia, que veio depois da queda do império bizantino: seu chapéu alto com véu, seu vestido costurado para manter-se apertado da cintura para cima, culminando com um decote quadrado e baixo, sua saia rodada sobre várias anáguas, que apareciam sob as fendas propositais da saia. Ela havia colocado a sua mais bela roupa para impressionar-me ainda mais, contudo bem sabia que nada disso era necessário, eu a amava e só tinha olhos para ela.

Por minha vez, fui ao porto para recebê-la com a minha roupa domingueira. Várias roupas sobrepostas, esquecido do clima do Brasil, bem mais quente que o da Europa, inclusive com os enchimentos pesados da moda. Usava uma camisa de linho e sobre ela o gibão, aquela jaqueta com saia até o quadril. Minha capa caía sobre os ombros e, comprida, sua bainha batia em meus joelhos, mangas largas, calção curto e bufante, costurado às meias justas. Fazia questão do punhal de saque rápido e de minha espada com o brasão da família.

Foi uma festa. A nossa felicidade não podia ser mais completa. Seria possível tal felicidade aqui na Terra, onde a algaravia humana parece não ter fim, tamanha a ignorância que campeia nos meios sociais? Cheguei a arrepender-me de ter tomado a decisão de permanecer no Brasil e, depois, de ter trazido Rosita para cá. Não porque ela ficasse desprotegida, pois estava bem situada em Salvador, mas devido às minhas constantes viagens. Ela permanecia um tanto isolada, com as mulheres índias, tendo pouco contato com pessoas de sua condição cultural, que cá quase não existem.

O que fazer? Providenciava tudo o que fosse necessário para a sua comodidade, mas sei que nunca seria o suficiente, sabendo ela que eu estava a enfrentar os mares bravios deste lado do mundo, muitas vezes a guiar-me só com as estrelas, outras vezes apenas por um certo instinto de marinheiro.

Ela era bela e formosa, sua simpatia expandia a naturalidade de nossa terra, seu sorriso era um chamado para os devaneios românticos, sua presença parecia envolver-me numa aura de paz e quietude. Seus cabelos negros e lisos, suas faces rosadas, sua alegria estonteante. Muitas vezes, pensava que somente a presença dela bastaria para manter-me vivo, mas as obrigações do mundo chamavam-me sempre a prosseguir para lugares mais distantes, e quanto mais pensava que havia chegado às fronteiras finais desta terra brasileira, tanto para o sul, quanto para o norte, mais terras apareciam na visão do marinheiro sentinela. A busca de riquezas era interminável, a cada notícia de meu pai, os pedidos e encomendas eram maiores ainda.

Como não conseguíamos filhos, ela aconchegou-se aos da terra, fazendo seus filhos os curumins das famílias indígenas empobrecidas da cidade. Dedicava-se de modo esmerado e, sempre que partia com minhas naus, ela pedia que trouxesse algo para eles. Mesmo assim, parece que não pude conter que nela se exasperasse cada vez mais a saudade de Portugal e abateu-se sobre ela uma profunda tristeza, fazendo-me, às vezes, permanecer mais tempo em terra.

Era impossível levá-la comigo naquelas viagens agrestes, mar adentro, e, às vezes, entrando em braços de mar e em rios perigosos, sem saber se conseguiria voltar. Quando voltava, ela sempre me contava as notícias mais alvissareiras, nunca as desagradáveis, as quais eu só ficava sabendo pelas notícias das ruas, com os conhecidos.

Enquanto meu pai viveu, enviava-lhe muitas iguarias, boa mercadoria e muitas coisas da terra, mas também deixava minha casa em Salvador bem suprida. A fartura dos negócios era tanta que não havia melhor época para acumular alguma riqueza por estas bandas, visto que não se tinha onde gastar. Em Salvador, Rosita administrava uma casa grande e tínhamos uma sesmaria, em caminho próximo, onde havia uma boa plantação de cana-de-açúcar, horta e criação de animais domésticos, além da floresta virgem cheia de madeira.

A casa era fortificada e possuía galpões de fuga e esconderijos, para o caso de alguma guerra ou invasão de piratas e saqueadores. Mas, bobagem, por esse tempo Salvador já estava bem protegida. Eu estava tranquilo, aguardava apenas uma oportunidade para estabelecer-me melhor e ficar mais tempo em terra, ao lado de Rosita.

Entretanto, caro Theóphilo, os livros da Terra inteira não dariam para conter todas as aventuras, todas as histórias, todas as batalhas, todos os atos heroicos que se deram por estas terras brasileiras. Limitar-me-ei a narrar-te minhas alegrias e minhas desditas, e todo o aprendizado cristão que tive ao longo de minha vida no Brasil, colecionando os ensinamentos do padre José, e bem saberás por que esta terra foi chamada de Santa Cruz e é conhecida como a terra do Cruzeiro.

Quando me aproximei das terras brasileiras pela primeira vez, era uma noite sem lua e de céu estrelado. O piloto, homem experimentado no mar, um patrício um tanto baixo e atarracado, bigode exagerado, sempre com uma pequena cimitarra na cintura, à guisa de uma faca grande, vendo-me no tombadilho, admirando as estrelas, disse-me:

– Se prestar atenção, verá em breve, ao sul, os primeiros lampejos do Cruzeiro.

Aquelas palavras deram-me uma certa ansiedade, pois já tanto ouvira falar do Cruzeiro que de há muito esperava eu mesmo vê-lo. Navegamos mais uma hora com o vento favorável e comecei a perceber nos céus da nova terra o sinal do Cristo. Havíamos cruzado o Equador há algum tempo e lá estava a famosa constelação do hemisfério sul, a *Crux*. Quatro estrelas brilhantes que, unidas, na imaginação, formam os braços da cruz. Abaixo do braço direito, existe uma estrela menor, a de Magalhães. Os babilônicos e os gregos tinham razão, existia mesmo a cruz no céu e ela descera para as terras do sul, conforme as lendas.

Mal sabia eu que aquele sinal daria a minha rota espiritual, logo que me instalasse nas terras da Santa Cruz. Eram tempos heroicos. A cada vento, as velas erguidas a todo mastro, a caravela cortando as ondas, nós, homens do mar, acostumados às calmarias, às ventanias, às tempestades, mas também a velejar sob o sol quente e sob as estrelas em noites sem lua, intimoratos, cuidadosos para não perdermos o rumo, sabíamos das aventuras perigosas que nas terras hostis nos aguardavam.

Mas vais saber logo também todas essas histórias, pois te escrevo à medida que vou me lembrando de todos os fatos, já que estou na aldeia de Reritiba, onde faleceu o meu amigo padre José, na sua fraqueza orgânica, depois de tantos serviços prestados a estas terras do Novo Mundo.

3

Ele sabia que havia ainda muito a fazer, mas estava quase sem forças, quedado em seu leito. Estava ali há vários dias, depois que, pela madrugada, se levantara para fazer um purgante para um dos que habitavam a casa de Reritiba,[2] situada ao sul da capitania do Espírito Santo. Sentiu-se mal e foi acudido pelos colegas jesuítas que ali também residiam. Não se levantou mais do seu leito de agonia.

O colégio de Reritiba ficava, como ainda hoje pode ser visto e visitado, numa colina, na foz do rio Benevente, e sua cela ficava na ala sul, na colina, e da janela, a oeste, podia-se ver bem o rio cujas águas, cristalinas durante o estio, se transformam em barrentas nas épocas de chuva; a leste, dava para a varanda de onde ainda se pode ver o mar. Deitado, um tanto recostado, ele observava o rio. Era por ele que os jesuítas seguiam território adentro e con-

[2] Reritiba, do tupi '*ryry'ty'ba*', da ostra.

venciam os índios a virem para a aldeia de Reritiba, onde eram catequizados.

– Como foram grandiosos aqueles dias heroicos de aventura junto aos gentios da terra, pregando para eles o evangelho de Jesus Cristo, o filho amantíssimo de Deus – pensava. Padre José havia chegado ao Brasil em 1554, com apenas vinte anos de idade, à procura de um clima ameno para sua saúde, conforme as instruções dos médicos.

Na sua juventude, uma escada caiu sobre suas costas, afetando-lhe a coluna vertebral, o que o obrigava a andar encurvado. Sua compleição era de natureza fraca; era franzino, pequeno de estatura e muito magro, discordando o corpo de sua cabeça bem desenvolvida.

Seus pensamentos, no seu silêncio disciplinar, corriam as estradas e os mares do Brasil pelos quais andara e navegara. Os pilotos das naus o chamavam de *grande conhecedor do mar*, pois conhecia os céus estrelados, os mapas e climas, com rara precisão. Haviam-no chamado também de *Atleta do Catolicismo*, à maneira de Paulo de Tarso, apóstolo igualmente conhecido como *grande experiente do mar*, por suas muitas viagens marítimas, e por *Atleta do Cristianismo*, por suas muitas e incansáveis peregrinações.

Suas orações eram breves e significativas. Perguntava aos céus se havia mais alguma porta que ele tivesse que transpor, se havia mais alguma coisa que teria que fazer entre os homens. Já transpusera tantas portas com as chaves das realidades espirituais que desvendara, mas seria preciso ainda mais alguma para alcançar o Reino de Deus?

– Ah! Quem me dera morrer em uma dessas montanhas, tentando salvar alguns de sua idolatria! – pensava, ao mesmo tempo em que algumas lágrimas rolavam em seu rosto queimado de sol e gasto pelas asperezas das estradas do Brasil.

Sim, caro Theóphilo, estou falando do padre José de Tenerife, filho de Juan Anchieta. Sim, o José, que ficou conhecido por ter pregado os evangelhos nas selvas, o Apóstolo do Brasil e do Novo Mundo. Carregando suas dores, ele desdobrou-se para evangelizar os indígenas, para defendê-los dos portugueses colonizadores, ao mesmo tempo em que também os orientava. Foi respeitado por sua força moral, por sua presença que se impunha pela bondade e sabedoria.

Seria preciso que o visse em seu leito de morte, em seus últimos dias, como eu o vi. Era a resignação pura, olhos fixos no céu, bendizendo a Deus por todas as bênçãos que ele mesmo havia recebido e as que tinha conseguido, ao interceder pelo próximo. Em comentários rápidos e vagarosos, ele lembrava seus últimos dias em Coimbra:

– Vou para uma terra estranha, a terra do Cruzeiro do Sul, onde a Cruz de Cristo está escrita no céu. Sei que Ele ali me quer para que evangelize os gentios. Vou para estes e não para os portugueses.

Theóphilo, Theóphilo, se nós pudéssemos imitar-lhe as realizações, também teríamos as chaves do Reino. Ele conseguiu-as dia a dia, passo a passo, na coragem, na fé, na esperança, na caridade, na resignação, na obediência, na disciplina e em tantas outras virtudes que cultivou durante toda a sua vida. Mas, digo-te aqui, ele me ensinou o segredo das chaves que abrem as portas do Reino de Deus e eu as desvendarei para ti, pois sei que também procuras o caminho da verdade e da vida eterna.

Estou aqui para dar-te todo o testemunho que puder sobre aquele homem verdadeiramente dedicado a Deus e a Cristo, que era devoto de santo Estêvão, de São Paulo e principalmente de Maria de Nazaré, a que foi mãe do mestre Jesus, da Galileia. Mostrar-te-ei todas as aventuras, todos os lances, toda a luz, toda a bondade que emanou daquele homem que buscava o Reino de Deus e não queria ir sozinho para lá. O seu discurso não era vazio, sua voz era acompanhada do exemplo arrebatador, convertendo os corações mais duros e alcançando as mais belas e inefáveis venturas, na sua saga de servir a Deus.

A visão dele no leito dava dó: estava tão franzino e envelhecido aos sessenta e três anos que bem mostrava como sua vida havia sido árdua e trabalhosa, não apenas pelas viagens pelos mares e pelos agrestes, não apenas nos gabinetes dos doutos e das autoridades, mas no campo, junto aos humildes da terra. Foram quarenta e três anos sofrendo no Brasil.

Sua cela falava alto de sua própria humildade. Seu catre, colocado rente à parede, à direita de quem entrava pela varanda de madeira, possibilitava-lhe ver o céu e o rio pela janela da parede grossa contrária à porta. No lado oposto à sua cama, à esquerda, um pequeno altar, acima do qual, pregado na parede, havia um crucifixo com a imagem imolada do Cristo em madeira. Ali rezava sua missa diária, quando estava em Reritiba. Da varanda de madeira viam-se a praia, o mar e a foz do rio, as águas do mar encontrando-se com as do rio. A praia não é larga, é comprida, as ondas mansas, quase sem barulho.

As paredes do colégio são grossas, tendo como liga o óleo de baleia, formando um estilo próprio de nossa época com uma só torre para os sinos, sob a qual estava a capela de Nossa Senhora da Assunção. Do lado norte, um pátio enorme, onde se reúnem os índios para as prédicas, bem à frente da torre e da capela, à sombra das castanheiras. Do lado leste, a colina dá para o mar e, do lado sul, para a foz do rio. Toda a beira da colina é reforçada por um muro de arrimo, feito de pedras superpostas para segurar o barranco e para defender do ataque de piratas, de corsários e dos índios contrários.

Era junho do ano de 1597 e já não havia assim muito perigo quanto aos índios, mas perdemos a companhia daquele homem santo. Seu corpo não suportou mais as agruras do mundo agreste e hostil a maior parte das vezes. Mas sua mente era dotada de uma vitalidade sem igual. Dominava várias línguas, era um beletrista, poliglota, epistológrafo, possuía o dom da profecia, da cura de enfermos e muitos outros, de que te colocarei a par. Fez uma grande proeza, aprendeu a língua dos índios e escreveu sua gramática, para melhor poder comunicar-se com eles.

Tudo o que sei é que ele dedicou sua vida às coisas do Brasil, desde Salvador, na Bahia, à capitania do Espírito Santo, ao Rio de Janeiro, a São Vicente, orientando, dirigindo sua ordem, cumprindo o que sempre quis, ser um "Soldado do Cristo", e o foi, utilizando-se dos recursos da Companhia de Jesus. Acompanhei a epopeia que foi a sua vida de santo homem, dedicado às coisas de Deus, por quarenta e dois anos, até este momento. Mas contar-te-ei todos os detalhes de nossas vidas aqui no Brasil, esta terra do Novo Mundo que promete para o futuro novas riquezas, novas aventuras e, principalmente, o engrandecimento do comércio mundial. O mundo está maior.

4

As ilhas Canárias constituem duas províncias da Espanha e formam um grupo de treze ilhas, em pleno oceano Atlântico, a 97 km noroeste da costa africana. A província de Santa Cruz de Tenerife é formada pelas ilhas Tenerife, La Palma, Gomera e Hierro. A maior ilha das Canárias é Tenerife, onde está o principal porto marítimo.

As Canárias são montanhosas, e muitas das montanhas são vulcânicas, sendo o Teide o seu ponto mais alto.[3] O solo é fértil e o clima, ameno e salutar. Seus habitantes produzem cereais, frutas, flores e legumes. O povo é de ascendência espanhola, mesclado aos guanches, que viviam na ilha. O nome Canária veio de *canis* (cão), pois que na ilha encontraram muitos cães ferozes.

De início, na colonização europeia, as ilhas pertenciam à rainha Catarina de Castela, depois passaram às mãos do infante d. Henrique de Portugal. Só em 1479 é que foram restituídas à

[3] O Teide possui 3.707 metros de altura.

Espanha. E foi no ambiente espanhol de Tenerife que nasceu o menino José de Anchieta.

José nasceu em San Cristóbal de la Laguna, no ano de 1534, filho de um fidalgo espanhol, d. Juan de Anchieta, biscainho, de Urrestilla, em Guipuzcoa, e de Mência Dias de Clavicko de Llorena, natural da terra. Um dos seus avós era primo-irmão de Beltran de Oñas y Loyola, pai de santo Inácio de Loyola, fundador da Companhia de Jesus, os jesuítas.

José sempre foi um menino de pouca saúde, porém muito estudioso. Aprendeu a ler e escrever, e os princípios de latim. Foi mandado aos estudos de Coimbra, em companhia de Pedro Nunes, seu irmão mais velho, onde, em breve tempo, deu mostra de sua rara habilidade e grande memória. Veio a ser um dos melhores estudantes da primeira classe, em prosa e em verso, em que era muito bom; ouviu dialética e parte de filosofia. Matriculou-se na Universidade de Coimbra em 1547, onde se destacou nos estudos. Aos dezesste anos, foi aceito na Companhia de Jesus. Dois anos depois, antes de ser ordenado padre, partiu de Portugal para o Brasil, com a missão específica de catequizar os índios.

Havia algo mais naquele rapazinho dedicado aos estudos. Em Coimbra, comentavam de boca em boca os estranhos fenômenos que ocorriam na presença de José. Seus colegas ficavam admirados, não só pela sua inteligência acima do normal, mas por sua sabedoria e bondade, já sabendo que perto dele havia sempre uma surpresa a ser admirada.

Muitas vezes, na leitura do missal, quando andavam pelo pátio da universidade, via-se José bem atrás dos outros, devido a sua fragilidade corporal, a sua dificuldade de andar por causa da corcundinha, bem como por sua pequena estatura. Quando se distraíam um pouco, viam José bem à frente deles. Ficavam a imaginar como é que o rapaz fazia aquilo.

Não é possível esquecer-me de dizer sobre as virtudes do rapazinho. Nesse período em que estudava letras, começou a mostrar sua inclinação à virtude, era brando e modesto, sensibilizando com seus exemplos todos com quem tratava. Em seu coração, floresceram as mais esperadas virtudes, aquelas que vieram dar-lhe condições de espalhar o bem, com muitos frutos colhidos pela existência afora.

O desejo de manter sua alma pura e também o seu corpo, em detrimento de todos os vícios, era muito forte nele. Estando certo dia na sé de Coimbra, de joelhos diante de um altar em que estava a imagem de Nossa Senhora, fez voto de perpétua castidade. Manteve-se assim, despreocupado com os prazeres da carne pelo resto de sua vida.

Foi, também, por um grande desejo de assegurar sua salvação espiritual, que decidiu entrar para a vida religiosa. Decidiu-se pela Companhia de Jesus, onde seria um verdadeiro Soldado do Cristo, influenciado pela leitura das cartas de Paulo ao jovem Timóteo: "Sofre pois, comigo, as aflições como bom soldado de Cristo." Por suas boas qualidades, foi aceito imediatamente, aos dezessete anos, no dia 1º de março de 1551. Depois disso, esteve por três anos em Portugal, aprendendo a disciplina jesuíta, principalmente exercitando a devoção, a humildade e a obediência.

Sua saúde não ia bem; enfermou-se gravemente e os cuidados da Companhia conseguiram que melhorasse, mas ele não conseguia alcançar boa saúde. Andava triste e desconsolado, achando que não tinha forças para continuar nas tarefas da Companhia e que, possivelmente, seria despedido. A ajuda não tardou: encontrou-o o mestre padre Simão, que lhe disse:

– Vinde cá, José. Como estais?

– Mal estou! – respondeu ele.

Aconselhou o padre:

– Não haveis de ficar com pena de vós mesmo por essa má disposição, Deus vos quer assim para obras futuras.

Havia um ar de profecia nas palavras do padre Simão e isso aquietou o coração de José e o consolou muito. Depois, por conselho médico, o seu superior resolveu enviá-lo para as terras do Brasil, que naquela época tinha muita fama de serem mais sadias, por causa dos alimentos mais leves e do clima mais ameno.

No dia 8 de maio de 1553, partia do Tejo a terceira missão dos jesuítas para o Brasil. Nessa viagem, estavam a bordo o segundo governador-geral da colônia, d. Duarte da Costa, os padres Luiz da Grã, superior, Braz Lourenço, Ambrósio Pires e os irmãos Antônio Blasques, Gregório Serrão, João Gonçalves e José de Anchieta. Era um atendimento à carta do padre Manuel da Nóbrega, na qual pedia a Portugal que enviasse gente que amasse o Brasil.

Foi nessa ocasião que José veio para estas partes do mundo, arrojando-se mar adentro, buscando novas terras, novas promessas. Assim que a nau se afastou da terra e ela foi perdida de vista, veio a solidão, mas uma solidão que trazia uma certa nostalgia de uns tempos perdidos nos séculos. Ele não sabia por quê, mas vieram-lhe à mente as cenas inolvidáveis da leitura dos Atos dos Apóstolos, principalmente quando Paulo, Barnabé e João Marcos partem para Chipre, ganhando o mar aberto. Ia como eles, para terras distantes; eles iam para Chipre e para a Galácia, na Ásia Menor, e ele ia , com os companheiros e irmãos, para as terras do Brasil. Aqueles iam evangelizar os idólatras e os pagãos; ele, também, procurava os gentios nativos. A missão era a mesma.

Irmão José, vendo-se em pleno mar, tomou ares novos, mais alento, melhorando a cada vento. Como se lembrava de sua ilha querida, dos seus amigos de folguedos, dos ventos marítimos! Seu coração batia em novo ritmo. Aceitou logo uma ocupação e foi tomar conta da despensa, cozinha e fogão. Servia todos os irmãos com muita caridade. Mas, quando ia ao convés, voltavam-lhe as lembranças das notas de Atos dos Apóstolos, Paulo cruzando os mares, levando o evangelho, como um atleta, um soldado a serviço de Deus e um lavrador, arando as almas dos gentios da terra.

Contou-me ele que, num desses lances de visão dos santos que serviram a Deus, se lembrou também do Rei Santo, São Luiz de França, que também cruzou os mares para levar o evangelho aos gentios nas Arábias, na Terra Santa, aos sarracenos. Em sua memória prodigiosa, lembrou-se da carta de Paulo aos Efésios, e, como num estalo de ideia, percebeu que nessa carta Paulo descreveu a própria *armadura de Deus,* com que o soldado do Cristo devia vestir-se para combater a impiedade e vencer as trevas de si mesmo e do mundo.

– É isso!... – Pensou – São Luiz revestiu-se da própria armadura, a de rei, que queria, como um soldado, levar também o evangelho aos gentios.

Falava, assim, com entusiasmo de quem se identificava com aqueles santos, numa mesma missão. Só que nunca mais levaria o evangelho à força e nem defenderia Deus com a espada; sua arma seria tão somente a cruz.

Foi assim que se trasladou esse abnegado servidor do Cristo, das ilhas Canárias para o Brasil. Dou testemunho disso pelo muito que ouvi do próprio José, em suas horas de descanso, sentado em sua cadeira em Reritiba. Contava-me, não como uma confissão, mas como se quisesse relembrar todas as chances que teve de encontrar as chaves certas para abrir as portas do Reino dos Céus, quando curava um enfermo, salvava os índios de seus algozes e lhes ensinava o caminho e a verdade para alcançarem a vida eterna.

Ele sabia que, se quisesse salvar os outros, teria que salvar-se primeiro. As primeiras chaves que encontrou foram justamente as da *obediência* e da *resignação.* Disse, mais tarde, quando recebeu ordens de voltar à Capitania do Espírito Santo, mesmo doente e podendo recusar:

– Nunca dispus de mim mesmo, não será agora que serei desobediente.

Disse-me, contudo, que descobrira, lendo as cartas de Paulo Apóstolo, que, na verdade, havia três chaves principais para a entrada no Reino de Deus e que ele havia aprendido a usar as três.

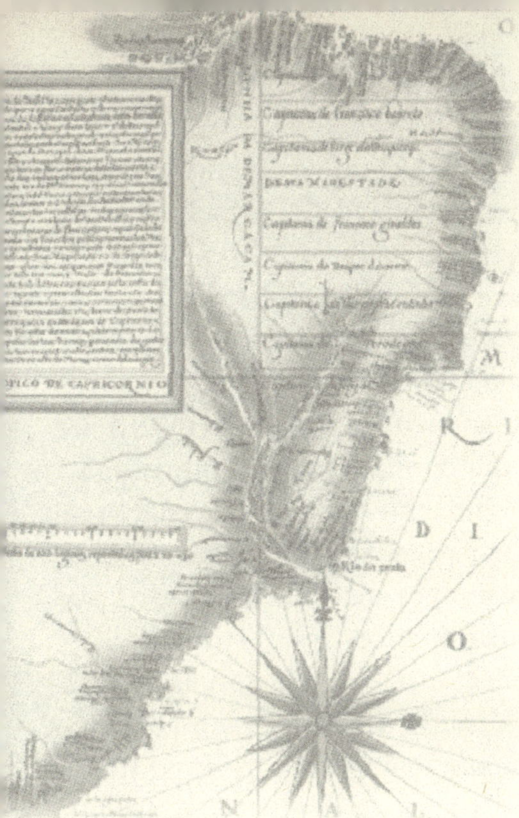

5

O homem que iria garantir a José sua vida de Soldado do Cristo seria justamente o seu parente Inácio de Loyola que, por uma dessas voltas do destino, foi conduzido a pensar numa maneira de combater as heresias na Europa, principalmente o calvinismo. Em 20 de maio de 1521, defendendo a cidade de Pamplona, o capitão Iñigo Lópes de Loyola, chefe da resistência da cidade contra os franceses, caiu gravemente ferido. Desde 1517, ele era um *meznadero* de seu parente João Manrique de Lara, duque de Nágera, sob cujas ordens lutara para abafar a revolta dos *comuneros*. Loyola nasceu no castelo de Loyola, filho de Beltrão de Oñaz y Loyola e Marina Sáens de Licona y Balda, por volta de 1493.

Sua infância transcorreu normalmente como a de um menino da época, no castelo onde havia nascido. Tornou-se pajem de seu parente João Velázquez de Cuellar, tesoureiro de Castela, em 1506, aos nove anos de idade. Frequentou a corte de Espanha em

Arévalo e Valladolid até completar seus vinte e três anos. Nessa época, teve muitos dos desvarios da mocidade, principalmente como jovem fidalgo, seu comportamento era mundano, ambições de muitas glórias e ideais românticos de cavalheirismo.

Quando da defesa de Pamplona, era capitão, mas uma bala de ferro redonda lhe partiu uma das pernas e feriu a outra de modo grave. Foi aí que ele começou a dar à sua vida uma orientação muito diferente daquela que vinha tendo. Conduzido ao castelo de Loyola, esteve gravemente enfermo por quarenta dias. Depois da festa de São Pedro, em 29 de junho de 1521, começou a convalescer e, assim, permaneceu por mais um ano.

Como não havia ali livros e romances sobre cavalaria, resignou-se, então, a ler *Vita Christi* e o *Flos Sanctorum*. Estava totalmente convencido de que deveria servir a Cristo com sua espada, sua determinação e sua coragem. Ao recuperar-se totalmente, foi para o mosteiro de Montserrat e ali passou a noite do dia 24 para 25 de março de 1522 em vigília, em armas. Estando ajoelhado defronte ao altar de Maria, tomou as roupas de guerra, principalmente sua espada, e colocou-as sob os pés da imagem da santa.

Retirou-se da vida mundana e foi manter-se numa vida contemplativa na gruta de Manresa, onde teve suas experiências místicas, entremeadas de fenômenos espirituais e reformulações íntimas, procurando vencer a si mesmo. Nessa oportunidade é que começou a escrever seus famosos *Exercícios espirituais*, procurando uma forma de obter paz interior e domínio de si mesmo. Os objetivos eram primordialmente dar à vida um sentido novo: a santidade, a salvação do próximo, que seria para ele a maior glória diante de Deus.

Com a intenção de viver para sempre na Terra Santa, para defender os lugares santos, partiu em peregrinação, mas não conseguiu alcançar seus objetivos, tamanhas as dificuldades encontradas.

Percebendo Loyola que sem estudos superiores não seria considerado em sua desejada vida apostolar, começou a estudar. Primeiro estudou gramática em Barcelona, filosofia e teologia, ao mesmo tempo, em Alcalá e Salamanca. Isso foi no período entre 1526 e 1528. Seus hábitos de peregrino e a certeza de suas convicções espirituais fizeram-no sofrer muitos vexames por parte do clero da época. Venceu-os e foi para Paris cursar a universidade.

Em Paris, foi residir no colégio de Santa Bárbara, feudo português, sob a direção do padre Diogo de Gouveia. Alguns dos residentes aderiram à sua proposta de vida: Fabro, Xavier, Rodrigues, Laínes, Samerón e Bobadilha. Foi diplomado como mestre em artes pela Sorbonne e começou, então, seu curso superior em teologia. Foi quando reuniu seus discípulos na capela de Montmartre e pronunciaram um voto coletivo: servir a Deus em castidade e pobreza. Consagrariam suas vidas à conversão dos muçulmanos na Terra Santa. Mas esse intento falhou logo de início e, então, colocaram-se todos a serviço da igreja, sob as ordens do papa, com obediência total.

Iñigo López de Loyola foi consagrado sacerdote com o nome de Inácio de Loyola, em 1537, quando estava em Veneza, junto aos companheiros, esperando oportunidade de viajar. Viviam de esmolas e faziam as pregações junto ao povo para a santificação das almas. Os turcos e os venesianos estavam em guerra, e isso não permitiu que fossem para a Terra Santa, tendo que esquecer o voto de Paris. Resolveram ir para Roma. Quando ali chegaram, às portas da cidade, na pequena capela de La Storta, ouviu uma voz – ele afirma ter visto o próprio Cristo com a cruz nas costas a dizer-lhe: – *Ego vobis Romae propitius ero!* (Seria bom que eu e você fôssemos a Roma!)

Animados, entraram em Roma e o grupo se tornou mais unido para servir ao Senhor. Depois de muitos transtornos, em 1539, o papa Paulo III aprovou o regimento da nova ordem e a

Companhia de Jesus foi aprovada em 27 de setembro de 1540, pela bula *Regimini Militantis Ecclesiae*. Entretanto, somente em abril de 1541 é que Inácio foi eleito o prepósito-geral da Companhia de Jesus. A companhia já estava em pleno vigor, Rodrigues e Xavier já haviam partido para os territórios conquistados além-mar. Vendo nisso uma coisa boa, d. João III de Portugal requisitou os "homens de Jesus", isto é, os jesuítas, para missões nas suas novas possessões.

Vendo a expansão da ordem, Inácio terminou de redigir as *Constituições da Companhia*, derivadas dos *Exercícios espirituais*. Definiu, assim, as características da nova ordem, da nova milícia colocada a serviço de Jesus. Foram criadas as províncias jesuíticas, primeiro a de Portugal, em 1546; a de Espanha, em 1547; a de Goa, em 1549; a de Itália, em 1551; a de França, em 1552; as do Brasil e da Sicília, em 1553; as da Alemanha, em 1556.

Para o Brasil, d. João III designou o padre Manuel da Nóbrega e seus companheiros. O objetivo era a evangelização dos povos indígenas da colônia americana. Inácio manteve a obrigação de intenso correio epistolar com a sede de Roma, para que pudesse manter a hegemonia da Companhia e, ao mesmo tempo, ter todos sob controle eficaz, visto que uma das regras básicas da ordem era a obediência.

Os componentes da ordem já eram mais de mil, quando Inácio de Loyola faleceu em Roma, em 31 de julho de 1556, após ter recebido muitas cartas, inclusive as do padre José, epistológrafo por excelência, dando conta de tudo quanto se passava no Brasil. Foi assim que Loyola se tornou o primeiro a receber notícias da fundação do colégio de São Paulo, que, aliás, foi o primeiro colégio dos jesuítas na América.

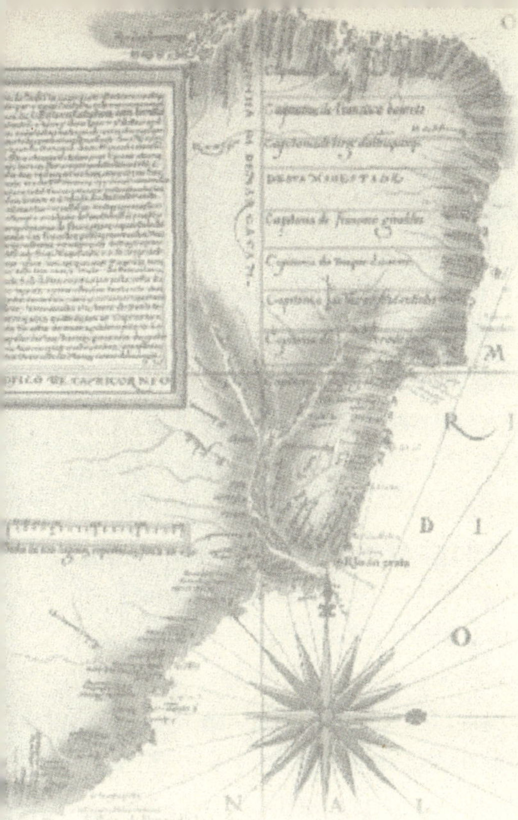

6

Por certo que era uma época bem estranha para o europeu que por aqui aportava, mas José, nascido numa ilha, já possuía experiência com nativos. Com seus vinte anos de idade, ainda era bastante moço e teria que aprender muito ainda com os da terra e os novos costumes.

A viagem do Tejo à Bahia durou dois longos meses. Era o dia 13 de julho de 1553 quando José aportou no Brasil. Havia, na Bahia, uma residência muito modesta com um sacerdote e dois irmãos. Todos os jesuítas que estavam no Brasil pareciam concentrados em São Vicente, onde os irmãos praticavam a caridade com os da terra e preocupavam manter suas virtudes, sob o comando do padre Manuel da Nóbrega. José foi logo enviado para essa capitania.

Em outubro de 1553, partiram da Bahia com destino à capitania de São Vicente o irmão José e os outros, sob a tutela do padre Leonardo Nunes, que viera com a incumbência de buscá-los.

Saíram duas naus da Bahia. Passaram por Ilhéus e Porto Seguro. Quando passavam por Abrolhos, sobreveio uma violenta tempestade. Uma das naus buscou o alto mar, mas foi destroçar-se nas beiras de um lugar chamado Caravelas; aquela que levava o irmão José foi contra os recifes, permanecendo toda a noite recebendo as pancadas das ondas. José, amparado por sua devoção a Maria, lembrava-se da segurança de Paulo Apóstolo no naufrágio em Malta. Por algum motivo Deus nos quer nestas paragens. Disse ele depois: "rompendo a alva do alegre dia da Virgem (era o dia 21 de novembro, festa da Apresentação), por maravilha do seu grande favor, todos saíram vivos na praia".

Procuraram alimento com os índios, indo de oca em oca, e acabaram por encontrar uma criancinha moribunda. Com permissão dos pais, batizaram-na com o nome Cecília, em memória da mártir Santa Cecília, homenageada naquele dia. José, depois, lembrou-se do que havia escrito a respeito, justificando a providência divina do naufrágio: "Por ditosos salvaram-se todos do naufrágio, pois foi um meio de salvar a inocente Cecília, que estava predestinada."

Mas a viagem apenas começava. Livraram a nau dos recifes e aproveitaram os destroços da outra nau. Tomaram o mar e foram ter primeiro às costas da capitania do Espírito Santo. Chegaram a São Vicente na véspera do Natal. Irmão José foi recebido de modo carinhoso, pois suas virtudes já eram conhecidas do provincial padre Manuel da Nóbrega e pôde aproveitar os dotes de mestre de José para as tarefas do ensino. Encarregou-o logo da escola, do ensino da gramática. José foi o primeiro a ler o latim por estas paragens. Ensinava os filhos dos portugueses. Depois ensinou também por algum tempo na vila de São Paulo, que era chamada de Piratininga.

Para surpresa do provincial e dos irmãos, José foi aos poucos aprendendo a língua dos nativos. Isso com todas as suas ocupações diurnas, tendo que estudar, escrever cartas e anotações à noite, o que lhe tomava as horas de sono. Muito se alegrava José com a bênção desse trabalho, pois sabia que poderia colaborar para formar gente capaz de providenciar a conversão de muitos.

Perguntei-lhe se houve muita dificuldade em aprender a linguagem dos nativos e a arte de usá-la, e ele respondeu-me que não muito:

– Deus deu-me o dom de entender as línguas com facilidade. Não apenas consegui entendê-la, proferi-la com perfeição, mas também compor a arte dela, num espaço brevíssimo de seis meses.

Depois, fiquei sabendo que os resultados dos trabalhos do irmão José foram lidos na Europa, na corte portuguesa. Essa arte, pelos tempos que se seguiram, foi continuada, examinada e aperfeiçoada, tornando-se o principal instrumento dos padres que se ocupam da conversão dos gentios.

Aliás, foi por essa época que Inácio de Loyola considerou o Brasil uma província da Companhia de Jesus e o padre Manuel da Nóbrega, assim que se tornou o provincial, passou a ter a missão primordial de formar novos irmãos missionários. Foi por isso que aproveitou bem os conhecimentos de José.

Acertou, então, que deviam fundar um colégio e que este seria no sertão de Piratininga, bem lá em cima do planalto, onde evitariam ataques dos corsários e estariam mais defendidos, mais perto dos índios e a meio caminho do Paraguai. Para isso foram designados o superior Manuel de Paiva e o irmão José, que fora nomeado mestre de humanidades de doze outros irmãos, bem como estudantes, noviços e alunos externos.

Com seus conhecimentos de engenharia, José demarcou uma estrada para a subida do planalto. Lá chegando, ele e os companheiros fizeram uma casinha pequena de palha, tendo por porta uma esteira de cana. As camas eram as redes que os índios utilizavam para dormir, e aqueciam-se com o fogo feito com a lenha que eles apanhavam no mato todos os dias, depois da lição da tarde. A lenha era trazida nas costas. Vestiam-se pobremente, sem meias e sapatos. As roupas comuns eram de pano de algodão. Para comer, recebiam esmolas dos índios na forma de farinha, peixes ou alguma caça do mato. Passaram fome e frio por muito tempo, mas o fervor era muito grande. Algumas vezes, preferiam fazer a lição fora da oca, fugindo do cheiro de fumo dentro da casa.

No dia 25 de janeiro de 1554, dia da conversão de São Paulo, chegaram novos irmãos para a fundação do colégio de Piratininga. Fizeram um pequeno altar no pátio, pois que ainda não havia igreja. Ali foi rezada a primeira missa naquele planalto e, como era o dia da conversão de São Paulo, aquela casa recebeu o nome do apóstolo.

No momento da missa, em que todos estavam contritos e com suas mentes voltadas para Deus, José percebeu os céus se abrirem numa visão grandiosa da ocorrência na estrada de Damasco, quando Paulo recebeu a aparição de Jesus de Nazaré e se converteu aos ensinos cristãos. José sentiu como se tivesse voltado ao passado e presenciado a tão famosa cena vivida naqueles dias de perseguição aos discípulos de Jesus. Lá, Paulo, que se armara como um soldado de Deus para combater os infiéis ao Deus de Israel, caiu sob a luz do Cristo e, agora, ele, José, ali estava também como soldado do Cristo, combatendo o bom combate.

Posteriormente, alguma coisa não deu certo, pois as autoridades e as ordens de Portugal não chegavam ao planalto, e os portugueses começaram a chegar de todos os lados dando vazão às suas ideias de escravizar os índios, mesmo contra a ordem do rei, proibindo tal prática. Evidentemente que o trabalho dos jesuítas aumentou muito, e muitas injustiças foram cometidas.

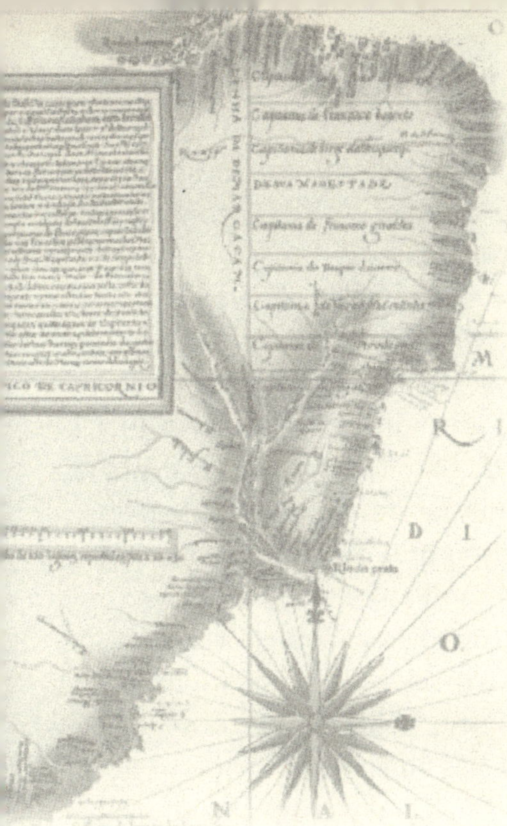

7

Quem, cheio de idealismo cristão e interesse em expandir o evangelho, esperaria o jovem José nas terras do Brasil? O padre Manuel da Nóbrega, nascido em 1517, missionário jesuíta português, o grande expoente na catequese dos povos nativos que viviam no Brasil no século XVI e um dos maiores articuladores políticos que houve por estas bandas.

Manuel da Nóbrega estudou humanidades na Universidade de Salamanca e formou-se em direito canônico na universidade de Coimbra no ano de 1541. Algum tempo depois, em 1544, ingressou na Companhia de Jesus, que, a pedido do rei de Portugal, o designou para chefiar a primeira missão dos jesuítas no Brasil, por volta de 1549. Nesse mesmo ano chegou à Bahia na comitiva do primeiro governador-geral do Brasil, Tomé de Souza.

Foi logo tomando sua primeira providência: fundou uma igreja e deu início à conversão dos indígenas ao catolicismo.

Numa visão bem lúcida, Nóbrega adaptou a catequese aos costumes dos índios, respeitando os seus valores, combatendo, contudo, a poligamia e a antropofagia.

Mais tarde, por sugestão de Nóbrega, foi criado o bispado do Brasil, quando foi eleito d. Pero Fernandes o primeiro bispo. Não tardou para que houvesse desentendimento de Nóbrega com o tal bispo, o que fez com que Nóbrega se retirasse de Salvador e fosse para a capitania de São Vicente. Nessa capitania trabalhou intensamente, procurando sempre uma saída para alcançar o Paraguai; deu ordens para que fosse criada a aldeia de Piratininga e, nela, o colégio de São Paulo.

Ainda nesse ano de 1553, criou, para a Companhia de Jesus, a província do Brasil, a sexta província, para a qual foi nomeado provincial. Apesar de todos os seus esforços heroicos, ele foi demitido do cargo de provincial seis anos depois. Mesmo assim, participou da tomada do Rio de Janeiro das mãos dos franceses, pedindo ajuda aos índios aliados.

Mais tarde, juntamente com padre José, conseguiu a pacificação dos tamoios, inimigos tenazes dos portugueses e avessos aos jesuítas. Esses índios tamoios eram liderados pelo francês Nicolau Durand de Villegaignon. Obtida a paz, a rainha Catarina – regente de Portugal e colônias enquanto d. Sebastião, o Infante, era menor de idade – indicou Estácio de Sá para desalojar definitivamente os franceses e fundar uma nova vila de colonização, dando início à vila de São Sebastião do Rio de Janeiro. Nóbrega, em 1567, foi o primeiro reitor do colégio dos Jesuítas da vila do Rio de Janeiro, mesmo estando enfermo.

Que sentimentos magníficos não estariam em rebuliço ao coração de Nóbrega? Ele acreditava na catequese católica e, de uma forma ou de outra, fazia o melhor que podia e o que achava certo. Com a contrapartida calvinista, era muito necessário que o catolicismo chegasse primeiro no coração dos povos das terras de Pindorama. Assim que percebeu que em Salvador não conseguiria apoio, devido à interferência política absorvida pelo próprio clero do bispado, partiu para São Vicente, onde poderia, longe das confusões da capital, dar vazão à sua sede de evangelizar os gentios.

Com certeza ele havia recebido orientação de Loyola sobre a expansão das forças jesuíticas e usou todo o seu prestígio de homem corajoso e perseverante para prosseguir na sua missão, sem maiores incômodos políticos vindos de Roma, que não fossem dos próprios jesuítas. Quanto à evangelização dos gentios, encontrou forte aliado no padre José, disso não tenho dúvida.

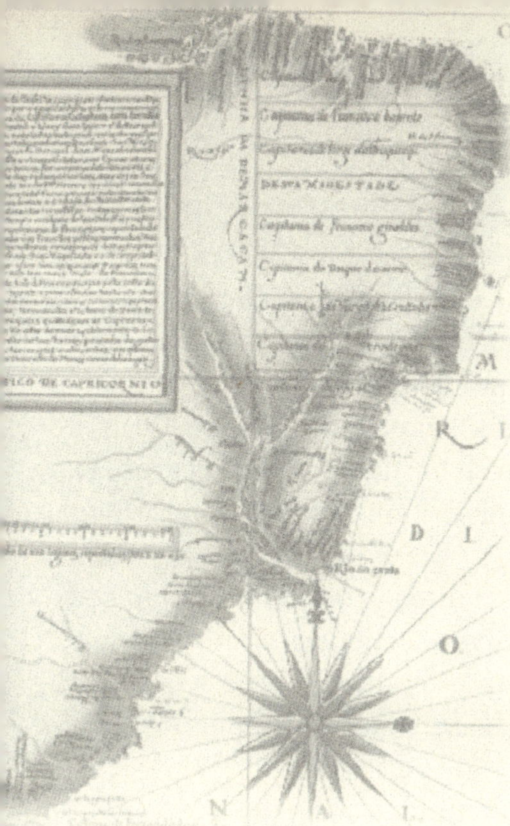

8

Custa-me muito, caríssimo Theóphilo, falar agora desse homem que vi apagar-se como uma lâmpada. Com ele aprendi muitas coisas, entre elas a humildade, o desprendimento dos bens materiais e a castidade, para vencer as forças contrárias deste mundo: o poder, a ganância e a sexualidade desenfreada. Bendigo a Deus ter colocado esse mestre em meus caminhos.

A casa de São Paulo, no planalto de Piratininga, fez aquele lugar crescer e tornar-se uma vila de grande movimento, depois de muitos sofrimentos e orações. José não falava de suas agruras nem de seus sofrimentos, sua modéstia não deixava, pois ficaria parecendo que ele seria grande demais diante de Deus e dos homens, mas não adiantava. Muitas são as testemunhas da *abnegação*, essa outra virtude, essa outra chave das portas do céus, que José tem em seu poder.

Foi nesse cenário humilde que o irmão José atendeu aos seus irmãos e a todos os que o procuravam para aprender as línguas. Não havia cadernos e as dificuldades eram muitas, todas superadas por José. Reuniam-se ali os filhos dos portugueses e também os mamelucos de Santo André. Os colonos foram se achegando, a vila cresceu.

Mas o mestre também se fez discípulo, estudando a língua dos nativos. Dedicou-se muito por seis meses, até que alcançou a alma da língua dos povos brasis, para a qual compôs uma gramática e um vocabulário. E não se fez de rogado. Preparou, em língua tupi, um livreto de instruções para os confessores e outro para os missionários.

Era muito bom nas letras e muitos versos compôs em seus cantos e poemas religiosos em diversas línguas, como espanhol, latim, português e tupi. Seus cantos eram divulgados por todas as partes e, assim, todos acabavam falando o nome de Deus, José, Maria e Jesus.

Foram alguns anos de lutas renhidas, mas, desde que aquelas trinta criancinhas foram batizadas, ainda na igrejinha de taipa, a casa de São Paulo só fez crescer e conduzir consigo o progresso para a região. Eu também era jovem e estive lá com eles, por alguns dias. Ele falou da evolução que vinha rápido, sobrecarregando todos de algum modo:

– Caro Matias, vê tu, hoje, nesta pequena aldeia de Piratininga, onde temos uma boa escola para as crianças, os filhos dos índios já são alfabetizados. É claro que os seus pais ficam bravos e ariscos, mas alguns já sabem cantar o missal. Eles são a nossa consolação, o que não podemos dizer ainda dos seus pais, que, porém, já se diferenciam dos das outras aldeias, porque já não matam nem são mais antropófagos, nem tampouco bebem como antes. Aliás, pretendo dizer isso em meu relatório aos superiores.

Alguns dias ali e deu para perceber que as crianças muito colaboravam com ele, pois avisavam sobre os abusos e as intenções dos pais. Isso ajudava muito, até mesmo no caso de sobrevivência. Uma vez vi umas crianças entrarem para anunciar que muitas igaçabas de vinho estavam preparadas para um dia de festa que chegava. Preparou-se um plano para que as igaçabas fossem quebradas. Era com esses novos cristãos que José invadia as matas, entrando pelos sertões em busca de almas para converter a Deus.

Por causa dessa atividade, muitos índios iam se achegando à aldeia, fazendo suas ocas e estabelecendo novas tabas bem perto da igreja. Formavam, assim, uma verdadeira barreira contra os ataques dos índios das tribos selvagens do interior. No Anhangabaú, estabeleceu-se Tibiriçá, enquanto Caiubi alojou-se na Tabatinguera. Outros foram se achegando: em Santo Amaro, Pinheiros, São Miguel e Ibirapuera estavam os carijós, os tupis e os guaianás.

Mas, de vez em quando, chegavam notícias de novos mártires, como aconteceu com Pedro Corrêa e João de Souza que, em dezembro de 1554, morreram nas mãos dos carijós do Sul. Isso não fazia esmorecer o espírito indômito de José, que disse na época:

– Bendito seja o nome de Deus, pois essas mortes muito nos confortaram, porque Deus mostrou que ele pede o nosso sacrifício para que a obra seja realizada. Agora acreditamos que Ele quer fundar aqui a sua igreja, pois que as pedras são lavradas dessa forma sacrificial para que seja estabelecido o verdadeiro fundamento.

José sempre manifestava que queria ter a glória de morrer numa daquelas serras, em sacrifício, por estar pregando o evangelho em tão inóspita condição:

– Quem dera morrer por estes caminhos, conduzindo a palavra de Deus aos gentios.

Era a própria imitação de São Paulo, em sua coragem moral de tudo enfrentar para alcançar a salvação de alguns. Mas as lutas ainda estavam começando: eram os perigos do mar, dos salteadores das estradas, dos ataques dos índios hostis e dos animais selvagens. Mas José também se lembrava do próprio evangelho e de suas sentenças:

– Não quero sacrifícios, mas misericórdia.

E tudo fazia em santa piedade, guardando para si e para tantos que o buscavam mais essa palavra do reino – a misericórdia, pois para os sacrifícios era considerado apenas um item das consequências da perseverança nas obras.

Não sabia ele que haveria de enfrentar o tacape dos índios ainda muitas vezes. Devo narrar mais este fato entre tantos que ainda hei de te contar, Theóphilo, meu irmão.

Certa vez os índios foram à guerra e nas disputas prenderam um dos guaianás considerados inimigos. Era ponto de honra matar o inimigo em dia de festa e comer-lhe as carnes. O cacique ordenou que o pátio fosse limpo, bem diante da casa de São Paulo. Trazem o guaianá seguro em cordas, seguido das velhas que haveriam de preparar-lhe a carne e distribuí-la.

Entram em cena Nóbrega e José e libertam o prisioneiro, espantam as velhas e quebram as igaçabas com vinho. Aproximam-se do poderoso chefe morubixaba Tibiriçá e tiram-lhe das mãos o tacape. O índio chefe encheu-se de raiva, vibrou o arco e, batendo os pés, chamou a si os seus guerreiros. Mas José, cheio de justiça no coração, proferiu poderoso discurso, em palavras e eloquência, na língua deles, enquanto Nóbrega cuidava do ferido com tantos cuidados e zelo, que os guerreiros afastaram-se envergonhados da sua fúria.

Sabe-se que Tibiriçá, posteriormente, foi batizado, recebendo o nome de Martim Afonso. Daí em diante, prestou valorosos serviços aos jesuítas e ao seu colégio. Soube muitas coisas da boca do próprio irmão José, não por bravata, mas por zelo de fazer saber o quanto se pode produzir com a espada da palavra, a couraça da fé e, enfim, a armadura das virtudes colocada a serviço do exército do Cristo.

Ainda no ano de 1554, houve um assalto a Piratininga, do qual só houve condições de se salvarem devido à fé já plantada no coração dos índios amigos. Os índios entraram em briga violenta, narrou José, e uma multidão de índios inimigos surgiu no pé da floresta. Os nossos índios ficaram abalados de medo e de terror e começaram a perder o bom ânimo que favorece o bom combate. Percebendo isso, a mulher do capitão de nossa aldeia, que já era batizada, juntou-se ao marido para a guerra e aconselhou a todos que fizessem o sinal da cruz na testa para perderem o temor. Com essa força piedosa, os inimigos foram dispersados. Os nossos não fizeram prisioneiros para o banquete de carne humana costumeiro na festa da vitória, entre cantos e júbilos. Dois dos nossos que não fizeram o sinal da cruz foram os únicos feridos, vindo um deles a falecer.

Ainda estão vivas muitas das testemunhas desses fatos e não me custa narrar-te esses mais belos lances de uma verdadeira epopeia nas selvas do Brasil. Mas eu estava ali em Piratininga, visitando a casa de São Paulo, em companhia do novo amigo José, quando ele, num momento muito particular, disse um tanto grave:

– D. Rosita, sua esposa, não está bem, se eu fosse vossa mercê voltaria o quanto antes para a Bahia.

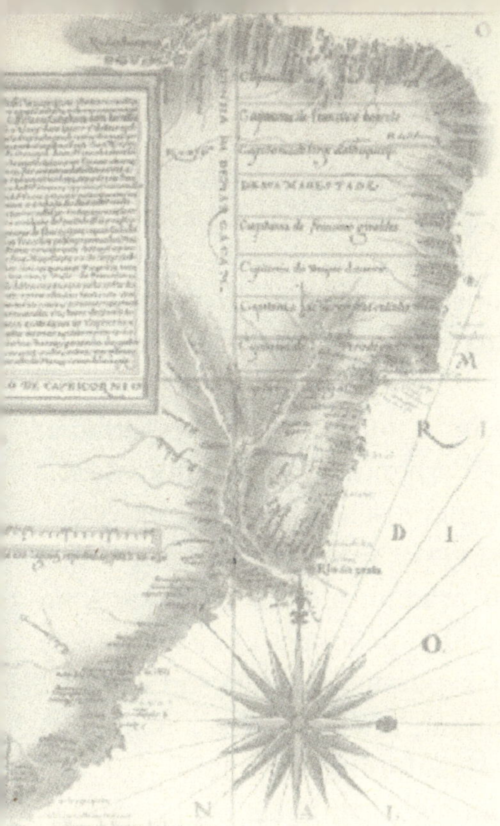

9

Por certo que fiquei muito preocupado, visto que a palavra de José era sempre verdadeira. Voltei para São Vicente e providenciei para que minha viagem tivesse como destino a Bahia. Fiz apenas as paradas obrigatórias, seguindo sempre para o norte, mas a demora era inevitável. Parei também na vila do Espírito Santo e em Porto Seguro, alcançando a baía de Todos os Santos, em janeiro de 1556.

Procurei imediatamente Rosita. Encontrei-a em estado lastimável de saúde. A tísica estava avançada e a sua tristeza era muito grande. Ela já não sentia tanta saudade de sua terra natal, pois seus pensamentos eram sempre para mim, na esperança de que estivesse com ela. Meu coração passou também a estar em frangalhos, vendo Rosita naquele estado. Ela praticamente vivia no meio das índias e dos curumins, dando-lhes assistência e ensinando-lhes as coisas civilizadas e, de vez em quando, grassava no meio dos gentios a febre mortal que consumia os pulmões. Tudo era uma tristeza só. Nada havia para fazer, senão combater a febre e dar bem-estar à paciente. Os chás mais indicados eram conseguidos pelas índias: para combater o mal, chá de maçaranduba, e para a febre havia algumas raízes e ervas de utuapoca, picão da praia, abutua. Tentava-se de tudo.

Encontrei, cuidando dela, uma nobre senhora espanhola, Dona Gloria Maria Fernandez y Fernandez. Estava vindo para o Brasil com seu marido, negociante, e seus quatro filhos, quando houve um naufrágio, sendo ela a única de sua família que se salvou, quando outra embarcação alcançou os destroços no meio da tempestade. Ao chegar à Bahia, foi pedido a Rosita que a hospedasse, pois que nada mais possuía, perdera tudo.

D. Glorita, seu apelido familiar, acabou por ser mais uma companhia para Rosita. Era possuidora de uma linda voz e, à noite, deixava que lindas melodias espanholas enchessem os ares da vila. Mas Rosita já havia se contaminado com a tísica devastadora.

Por algum tempo fiquei ali com Rosita, quase sempre colado ao seu travesseiro, consolando-a e dando-lhe forças, até que sua vitalidade se desvaneceu completamente e eu fiquei vendo sua alma afastar-se do corpo, apagar-se como uma lâmpada sem óleo. De coração abatidíssimo, sepultei-a próximo à praia, num lugar onde ela gostava de ficar olhando para o mar, depois de perguntar-me para que lado ficava sua terra lusitana.

Algo me dizia que ela não me deixaria sozinho e que, de alguma forma, estaria sempre comigo, como se um ânimo novo me alcançasse em plena desdita de perdê-la, minha morena de cabelos negros, talvez herdados dos mouros e dos antigos visigodos, tez clara, límpida, onde não se podia imaginar que houvesse maus pensamentos. Sua cintura fina, pescoço alongado, olhos negros e significativos, lábios bem vermelhos, que me afagaram, transmitindo-me todo o seu carinho. De sua boca saíam apenas boas palavras e bons conselhos. Perto dela, sentia-me bem e parecia que não precisava de mais nada na vida. Pouco me importavam os negócios, o tempo passava rápido, como se eu estivesse despreocupado com as horas:

– Ó Rosita, Rosita, por que me deixaste assim tão cedo? Que combinação foi essa com a Morte?

A saudade dilacerava-me o peito e minha cabeça pendia sobre ele em lastimável depressão. Oh! Nossos planos... nossos planos...

Nosso planos para o futuro estavam indo bem, dentro em pouco poderia contratar novos comandantes para as naus e novos navegadores, e poderíamos permanecer mais tempo juntos. Agora, ó Deus, o que fazer, senão tomar os caminhos do mar e enfrentar as ondas para esquecer? Quem sabe se alguma tempestade furiosa, a mando da Morte, não faria com que as ondas tragassem a minha nau? Talvez assim pudesse ir ao encontro de Rosita.

Deixei a casa nas mãos de Dona Glorita, sob os cuidados do caseiro Vicente Machado e sua esposa Isabel, que já eram ordenanças de Rosita, e programei uma grande viagem para o Sul, onde demoraria e procuraria esquecer a minha paixão por Rosita. Senti que Dona Glorita já se havia afeiçoado a mim e até se mostrava um tanto alegre quando eu estava por perto, mas meus pensamentos eram recheados com as imagens de Rosita.

Naveguei durante meses, sempre parando nos principais portos, onde ia acumulando riquezas que levaria futuramente para Portugal. Quase não ia mais à Bahia, apenas para fechar os negócios e encaminhar os documentos para além-mar.

Certo dia, em pleno mar, estava no tombadilho do castelo da popa, mirava à frente, com o vento favorável, minha nau fazia o seu papel de singrar os mares, quando pareceu-me ver Rosita no castelo da proa. Ela estava de costas para mim, voltada para o mar, com os braços abertos como se estivesse usufruindo do vento. Seus vestidos mais diáfanos e esvoaçantes obedeciam ao comando da brisa. Desci a escadinha, avancei pelo convés de meia-nau e quando cheguei ao local onde ela estava, dei por mim que nada ali havia.

Muitas vezes depois ela aparecia assim, principalmente nos dias claros e apenas eu a via, ninguém mais. Pensei que era delírio da saudade, mas, depois de algum tempo, ela passou a aparecer-me também em sonhos. A saudade dela foi amenizando em meu coração, pois sentia que ela estava sempre por perto. Passados uns dois anos de sua morte, ela sumiu totalmente, depois de ter-me visitado em sonho e avisado que ela precisava ir embora, mas que voltaria para mim. Fiquei quase desesperado, mas sempre me lembrando de suas últimas palavras:

– Meu senhor, querido companheiro, acalma teu coração. Deus permitirá que eu volte para ti.

– Como? Como pode ser isso? Estou fadado a perder-te para sempre! – Naquela noite, deixei lágrimas de saudade no travesseiro.

No fundo d'alma uma esperança ficou, embora não soubesse de que maneira ela iria voltar para mim. O sonho era tão nítido que não havia espaço para dúvidas. Os anos se passaram e encontrei-me com o padre José na Bahia. Ele havia sido ordenado e eu aproveitei e confessei-me com ele. Foi muito mais uma conversa de amigos que de um homem para um padre. Contei sobre Rosita, suas aparições, seu sumiço e seu aviso. Padre, que vem a ser isso? Terá sido o diabo que quis enganar-me? Terá sido mesmo Rosita? Ela estava tão mais bela quanto era quando a conheci.

O padre José ouvia-me e também parecia ouvir vozes invisíveis que eu não podia perceber, e o seu semblante pareceu iluminar-se, quando me disse:

– Caro Matias, meu bom amigo, não foi o diabo que se mostrou como vossa Rosita. Deus, diante da fé que temos por dentro do coração, tem muitas maneiras de nos trazer o consolo de que precisamos e, de um modo ou de outro, por seus mistérios, Ele saberá devolver-vos Rosita. Deus tem recursos para ressuscitar a quem quer que seja, tudo depende da vossa vontade. Como isso será feito, não posso dizer-vos agora, mas vossa mercê a reconhecerá assim que vos encontrardes com ela.

Embora, à primeira vista, aquelas palavras tenham me parecido absurdas, não ousei apartear o padre, pelo respeito que lhe tinha e pelas muitas coisas impossíveis que já o vira fazer. Mas arrisquei uma pergunta:

– Padre, não tendes ideia mesmo como será isso?

– Creio que vos basta, por agora, utilizar-vos de uma das chaves que possibilitam a entrada no reino de Deus – a fé. Tende fé e prossegui na vossa missão, como já vindes fazendo; confiai e esperai.

Com o coração ainda um tanto abatido, perguntei-lhe novamente:

– Talvez devesse entrar para a ordem dos jesuítas. Sou rico e estou só, quem sabe isso não será o remédio para a minha solidão?

– Não, meu caro, não façais isso. Segui o vosso destino, esperai por Rosita, pois Deus vos quer na labuta dos mares, levando recursos para uns e outros e amparando os necessitados dos colégios, conventos e orfanatos. Se ficardes preso numa cela de mosteiro, não encontrareis vossa Rosita.

Continuei confiante e certo de que Deus estava olhando por mim. Minhas preocupações pareciam cada vez mais distantes e meu espírito seguia mais calmo, renovando sempre os caminhos do mar. Nada havia de me segurar, os negócios iam muito bem e não havia do que queixar-me. A lembrança de Rosita foi-se apagando aos poucos e apenas algumas coisas dela faziam com que voltassem as minhas lembranças. Os anos foram passando.

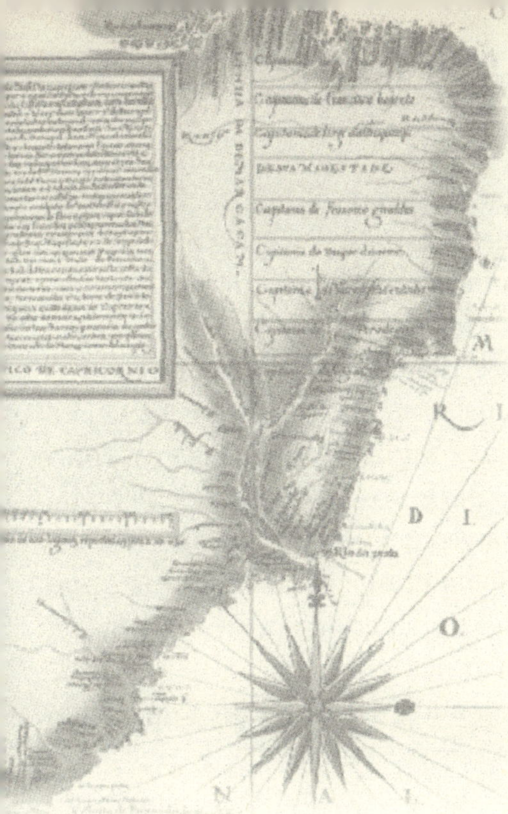

10

Perdi contato com Rosita, nem por sonhos a via mais. Meu coração parecia seco, entretanto, ao parar em cada porto, via homens e mulheres nos cantos e nas bodegas, mas nada me interessava. Porém, certa vez, ao passar pela freguesia de São Jorge, no sul da Bahia, ainda na capitania dos Ilhéus, fundada em 1535 pelo espanhol Francisco Romero, que foi chamada de vila de São Jorge dos Ilhéus, em 1556, fiquei interessado em saber mais sobre o lugar, pois vi que ali seria um local para grandes negócios. Soube que Romero havia lutado e vencido os vários grupos de índios que moravam na região e fundou ali um grande engenho de açúcar.

Os índios botocudos eram temíveis, habitavam as costas das capitania de Ilhéus e Porto Seguro, vindos do interior. Vencidos, desceram para o vale do rio Jequitinhonha e depois para o vale do rio Doce, tomando conta de grande região: das Minas, Bahia e Espírito Santo. Os mais temíveis, entre os grupos de botocudos, eram os aimorés, boruns e guerens.

Fiquei lá hospedado por alguns dias, enquanto reabastecia as naus e fazia as vendas. Não tinha receios de perder mercadorias, visto que sempre havia quem delas estava precisando. Foi nesses dias que conheci uma encantadora mulher, morena, cabelos anelados, grandes olhos negros. Parecia espanhola, mas não era, aliás falava a língua de Castela e por isso pude comunicar-me bem. Ela exerceu sobre mim uma espécie de fascínio, mas não amor, como o de Rosita. Eu estava muito só e, às vezes, a solidão deixa uma amargura que parece nos enlouquecer. Percebi que ela me olhava interessada, talvez pelo meu porte atlético, de marinheiro queimado pelo sol, pela minha aparência séria e até um tanto triste e misteriosa; talvez pela minha posição de fidalgo mercador endinheirado. Pouco me importava se ela pensava isso ou aquilo, estava bastante amadurecido para preocupar-me com as fraquezas humanas das quais eu sabia defender-me.

Procurei saber quem era ela, aquela mulher fascinante, um tanto estranha e por isso mesmo interessante. Disseram-me que ela viera da Espanha e pertencia a um povo da Europa Oriental a quem chamavam ciganos. Eram alegres, cantores, músicos, gostavam muito de joias e eram negociantes, além de entreterem as pessoas com suas danças e músicas populares. Mas ela, especificamente, ali havia chegado com um grupo que a abrigou quando sofreu uma perseguição das autoridades em Salamanca. Chamava-se Maria Carolina, nome que adotou quando de suas andanças nômades pela Europa, com seu povo de origem.

Sabendo que não tinha marido, aproximei-me dela e apresentei-me como mercador. Ela era uma mulher experiente e ficamos contando nossas histórias noite adentro, nascendo entre nós mais do que uma simples amizade, mas um relacionamento de liberdade e respeito. Permaneci ali mais dias do que esperava e depois tive que partir no comando de minhas naus.

Entretanto, prometi-lhe que todas as vezes que houvesse de passar pela capitania dos Ilhéus eu a procuraria e que não se preocupasse, que minhas viagens eram constantes. De fato, sempre que podia conseguia frete para o Sul, passando por São Jorge dos Ilhéus. Ela estava lá como a havia conhecido. Não havia se interessado em casar-se com ninguém. Mas ela sempre dizia, com ares de clarividente:

– Senhor Matias, sei que achareis outro destino e que nós não haveremos de estar sempre juntos.

Ouvia-a dizer isso e, de minha parte, nada dizia, como se também já soubesse disso. Havia no meu íntimo uma luz chamada Rosita. Mas como era bom estar com Maria Carolina. Seus conselhos e suas percepções de cigana eram simplesmente fantásticos. Quando mencionava diante dela o nome de alguns negociantes que me propunham negócios, ela dizia:

– Cuidado com esse, não é gente boa, vos trairá na primeira oportunidade, pois vejo ganância nesse nome.

Das primeiras vezes não lhe dava importância, mas depois de algumas confirmações desagradáveis, passei a precaver-me contra os tais que ela vaticinava e não me arrependi.

Outras vezes ela dizia:

– Não partais amanhã, vai cair uma grande tempestade.

Mesmo havendo sol forte, no outro dia pela manhã, o sol estava encoberto e logo vinha chuva torrencial.

Durante alguns anos, encontrava-me sempre com ela e Rosita parecia esquecida. Fiz realmente muito esforço para fugir de sua imagem e Maria Carolina foi um caminho para isso. Por algum tempo, meu coração parecia reconfortado. Os encontros quase que bimestrais com Maria Carolina suavizavam meu ânimo e me mantinham com algum sentimento, sem grandes mortificações. Mas nós dois sabíamos que nossos destinos não poderiam terminar juntos. Havia ali uma escora mútua, pois comigo ela saía de sua falsa presença alegre e se tornava uma mulher interessada.

Quando verifiquei que os meus verdadeiros sentimentos não incluíam Maria Carolina, encomendei de um ourives de

Salvador um colar de ouro cujo pingente seria uma esmeralda grande, de forma oblonga, em degraus, que lhe cairia sobre o busto farto. Sabia, por informação dos próprios espanhóis de São Jorge dos Ilhéus, que os ciganos gostavam de joias, e aquela pedra preciosa fora comprada na vila de Vitória, das mãos de garimpeiros que haviam conseguido chegar no vale do Jequitinhonha, onde encontraram indícios de grandes riquezas minerais. Tiveram que fugir dos tupi-guaranis, seguindo o rio, mas ao encontrarem outros grupos indígenas ferozes, desceram para o sul, alcançando o rio Mucuri e vieram a dar no mar, um pouco abaixo de Abrolhos. Ali conseguiram embarcação para a vila do Espírito Santo, mas queriam mesmo era levar as notícias para São Vicente, onde sabiam que se preparavam muitas entradas buscando o interior. Sabiam que essas entradas eram ainda muito tímidas, mas queriam propor uma aventura bem mais arrojada. Para essa tarefa iriam precisar de muita gente. Mais tarde soube que eles não haviam conseguido o intento, mas as lendas sobre as pedras permaneceram. Comigo ficou a esmeralda, que bem seria do agrado de Maria Carolina.

Eu sabia que não mais passaria por São Jorge dos Ilhéus, depois que me despedisse da cigana, que havia apenas me fascinado, sem contudo conseguir entrar em meu peito e arrancar meu coração das garras da solidão... solidão de um marinheiro como eu, que havia perdido um grande amor. Eu não poderia dar-lhe um lar, com as responsabilidades inerentes, o que não seria justo para ela. Muitas vezes lembrei-me das lições de castidade que via nos procedimentos do padre José. Isso me deu forças para romper um relacionamento que desde o início já se apresentava sem futuro.

Não que o padre José pregasse abstinência sexual, pois ele sempre falava na verdadeira castidade, a do coração, pois Deus mede a intenção do homem, antes de tudo. Quando lhe perguntei quem havia ensinado todas aquelas virtudes, respondeu-me que aprendera lendo o livro Atos dos Apóstolos, principalmente a vida de Santo Estêvão e de São Paulo. Mas que aprendera muito com Santo Estêvão, pois ele era o exemplo da humildade, do desprendimento dos bens materiais e da castidade. Paulo fizera voto de castidade com o objetivo de dominar-se a si mesmo e ter mais disponibilidade de estar a serviço do Cristo. Concluí que minhas intenções com Maria Carolina não eram puras, mas apenas a usava como uma fuga para o meu coração abatido. Mas também sei que Deus não me castigaria por isso, pois nenhum mal havia feito para ela. Não a enganei nem nada lhe prometi, apenas nós dois nos encontramos e passamos muitos momentos felizes, numa relação madura. Entretanto, mesmo assim, minha consciência me dizia que não podia continuar. Voltaria lá e dir-lhe-ia que não era mais possível vivermos assim.

Aportei em São Jorge dos Ilhéus, após ter navegado por entre as pequenas ilhas. Assim que pude, procurei Maria Carolina. Quando ela me viu, com seus grandes olhos de cigana, foi-me logo dizendo:

– Ó meu amigo, sei que me procuras pela última vez!...

Disse-lhe:

– Cala-te, não estragues tudo. Permanecerei aqui por uma semana, pois minhas naus precisam de reparo. Então decidiremos.

Mas o seu olhar era de tristeza, pois se afeiçoara a mim, mesmo vendo-me de tempos em tempos e tendo outros amores a quem recorrer. Foi aí que percebi o perigo de alimentar essa afeição no coração de Maria Carolina. Ela sofreria mais do que eu podia imaginar. O perigo espiritual, entendi, não estava no pecado, mas na angústia que podemos criar no coração alheio.

Partiria pela manhã, antes de o sol nascer. Nós dois, em sua casa simples, conversamos muito, trocamos afagos e finalmente disse-lhe o que ela já sabia por antecipação: não mais voltaria, buscaria o sul do Brasil. Ela insistiu em que a levasse comigo, mas a convenci de que era impossível, visto as condições das viagens marítimas, as incertezas e os perigos.

Tirei da algibeira um saquinho de veludo, abri e peguei o colar. A esmeralda brilhava, contrastando com o ouro, refletindo a luz da lâmpada mortiça e também um pouco da luz da lua que entrava pela janela entreaberta. Puxei-a para mim e coloquei o colar em seu formoso pescoço. Pareceu-me que ela havia ficado completa, com aquela pedra fascinante no colo. Ela abraçou-me triste e contente, seus sentimentos pareciam embrulhados, acho que ela não sabia o que pensar. Fiquei assim, parado diante dela, olhando-a e a pedra que combinava com sua blusa azul-clara, fofa nos ombros.

– Deus, que mais queria eu da vida?

Uma tentação muito grande quis fazer-me ficar ali para sempre, preso às forças cativantes daquela mulher. Mas eu também sabia que terminavam ali os nossos momentos felizes de romance à beira da selva e da amplidão do mar.

Singrei novamente os mares. Em minha mente, não havia mais nenhuma imagem de mulher e meu coração estava vazio.

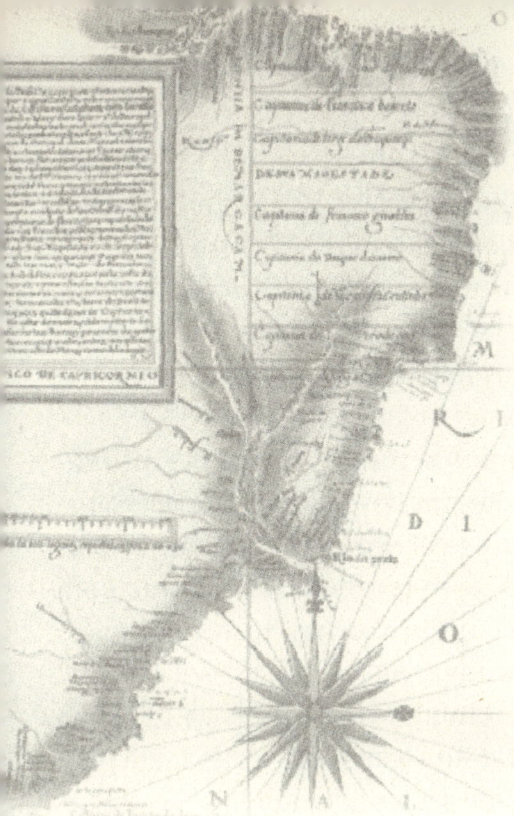

11

Os descendentes de João Ramalho, chamados mamelucos, formaram a aldeia de Santo André da Borda do Campo. Ali mantinham e justificavam o cativeiro, com muitos escravos, índios e negros. Instigavam os índios amigos dos jesuítas, dizendo-lhes em ar de troça que eram covardes porque obedeciam aos padres estrangeiros. Nascidos na mesma terra, não eram como eles, homens de guerra.

Essa pregação desfavorável fez com que os tamoios se aproximassem mais do invasores franceses, sob o comando de Nicolau de Villegaignon, que estavam aquartelados numa ilha da baía da Guanabara. Os tamoios, protegidos com tal reforço, começaram a ameaçar os habitantes de São Vicente, por mar e por terra, em poderosas expedições.

D. João III, rei de Portugal, foi avisado de tudo o que se passava. Por essa época, foi enviado o novo governador-geral do Brasil, que chegou à Bahia apenas em 1558. Era Mem de

Sá, grande cristão e grande soldado. Novo reforço chegou de Portugal: uma esquadra com dois navios e várias embarcações menores. Foi com essa esquadra que Mem de Sá entrou na Guanabara, acompanhado de Nóbrega. Percebendo a força dos franceses, aliados com os tamoios, e verificando que precisava de mais canoas e gente da terra mais habituada com os costumes da região, Mem de Sá enviou mensageiros a São Vicente.

Nóbrega e José providenciaram reforços e com eles invadiram a fortaleza dos franceses, que foi completamente arrasada. Foi uma grande vitória e sobre ela sempre haverá muito mais coisa para contar. Depois disso, José recebeu, juntamente com Nóbrega, a visita de Mem de Sá em São Vicente. José, porém, estava ansioso para voltar a Piratininga. A saudade de seu colégio, de suas crianças, de seus irmãos era muito grande. Verificou que havia possibilidade de viabilizar um caminho mais fácil para alcançar o planalto e começou a estudar as possíveis passagens para subir a serra. Conseguiu abrir um caminho que ficou conhecido para a posteridade como o "Caminho do Padre José", uma obra de engenharia avançada para aquelas condições.

Ali sentia-se em casa e começou a cuidar de seus afazeres como nunca o fizera antes, tal a alegria de voltar ao meio dos seus mais caros amigos que aprendera a amar depois de tantos embates. Deu continuidade às tarefas que, por sua vez, aumentavam cada vez mais. Conversava muito com os que buscavam o auxílio do esclarecimento da religião, ensinava os mandamentos e cuidava das coisas da fé. Os padres incluíam nessas atividades as mulheres dos cristãos e seus escravos, bem como as escravas, não só na aldeia, mas por todos aqueles cantos de mata por onde elas estavam espalhadas. Era tudo de uma grande simplicidade, como a da manjedoura, entre os animais, recebendo Jesus. Só mesmo quem já viveu uma situação, uma aventura como essa, é que pode avaliá-la devidamente. Tive um pouco daquela paz, toda a segurança onde não havia nenhuma, toda a paz onde imperava o medo. Percebia no olhar de José a sua ventura, estava descrita nele, todo o amor que dele se desprendia, anulando todo o ódio, a dor e o sofrimento.

Em São Vicente, as coisas já não eram bem assim. Ali já existiam engenhos, negociantes, uma política de internalização pelo sertão em busca de ouro, de novas terras e de mais escravos indígenas. Nóbrega mantinha um plano de alcançar o Paraguai e essa foi a ideia do posto avançado em Piratininga. Os padres, em São Vicente, mantinham rotina bem extenuante: visitavam os engenhos, pregavam a doutrina e recebiam confissões, além de atenderem a pelo menos três povoações de portugueses que distavam várias léguas entre si. Além disso, encontravam-se com vários tipos de gente além dos portugueses e índios – eram os escravos e os que viviam livres –, ministrando-lhes a religião e curando-lhes os corpos como médicos improvisados.

Certa feita, acudiram à vila de Santos, uma das principais aldeias da capitania de São Vicente. Logo que nas redondezas se soube que eles haviam chegado, acorreram para recebê-los. Confessavam-se e recebiam doutrina. Vinham de todos os lados, principalmente das fazendas e dos engenhos. Os padres estiveram ali por quinze dias. José era valioso auxiliar para o sacerdote, principalmente como intérprete nas confissões, nas doutrinações e como conhecedor dos costumes. Não havia hora para acabar; ficavam no atendimento noite adentro. Os cristãos não se importavam se os missionários estavam cansados ou não, se precisavam dormir ou não. Estes primeiros anos foram carregados de trabalhos santos e de lutas pelo evangelho, depois é que viriam as entradas para os sertões.

Por essa época, também, os irmãos começaram a perceber que havia algo mais em José que apenas erudição e saber. Havia algo de celestial em seu caráter e nos prodígios que fazia, sempre às escondidas, quando podia, mas alguém acabava percebendo e contando para os outros.

Quando estava construindo a estrada de São Vicente para Piratininga, num momento em que todos pararam por causa da chuva intensa que caía, José foi encontrado, retirado a um canto em orações. Só que estava a alguns palmos do chão, sem se importar com a chuva. Levitava, em pleno ar. Coisa de santo, não há outra explicação. Como poderei explicar-te, ó Theóphilo, tal fenômeno, senão evocando o poder de Deus? Que força santa era essa que o padre José possuía?

Não apenas isso. Certa noite a candeia apagou-se e o padre Amaro Gonçalves saiu de sua casa para arranjar umas brasas para reacendê-la. Então, percebeu que vinha uma luz do quartinho onde dormia José. Foi até lá e abriu a porta. Para espanto seu, encontrou José enlevado por suaves luzes que vinham do Céu. O padre Amaro chamou mais dois dos irmãos para testemunharem o fato e presenciarem tão grande maravilha: seres espirituais de grande beleza, iluminados, iam e vinham, consolando e instruindo o irmão José, em êxtase.

De outra vez, José, a pedido de Nóbrega, escreveu uma peça a que chamou Pregação universal, porque servia para portugueses e índios. No dia anterior ao dia da Circuncisão, perto do adro da igreja de São Vicente, já iam começar a representação quando se formou por cima de todos uma grande nuvem, negra e pesada, dando um susto em todos, que queriam correr para os abrigos. Diante de tal perturbação, José gritou bem alto:

– Aquietem-se, nada haverá de acontecer, não choverá antes que o ato termine.

O ato durou cerca de três horas. Só depois que todos estavam devidamente abrigados é que a tempestade caiu forte.

Acreditas? Lenda? Os testemunhos foram muitos. Esses tais, de alguma forma, já estavam acostumados com os poderes espirituais de José.

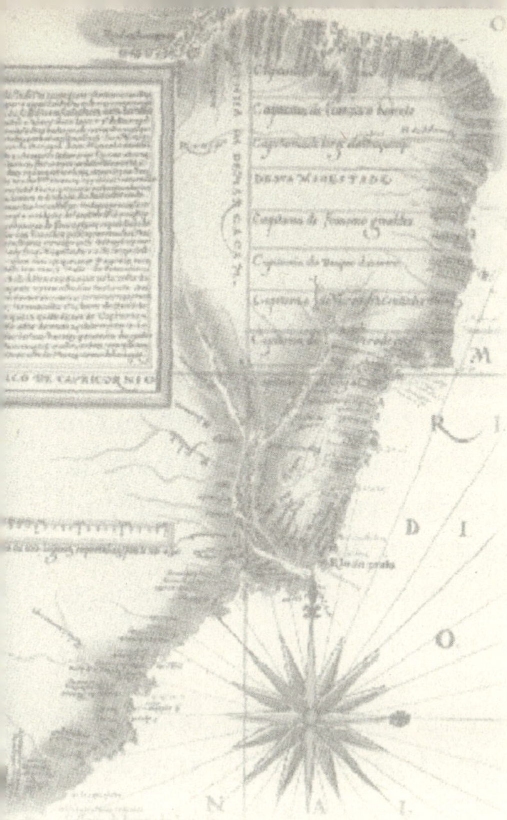

12

Logo após a guerra com os corsários franceses, tendo Villegaignon sido derrotado, Mem de Sá foi a São Vicente e depois retirou-se com a esquadra. Mas os franceses não desistiram assim tão facilmente. Incentivaram mais e mais os tamoios e eles começaram de novo a fazer incursões de ataque. O interesse pelo pau-brasil era muito grande e fazia fortuna. A situação tomou proporções maiores do que antes, porque, dessa vez, juntavam-se os índios do Rio de Janeiro e os de São Vicente. Era a confederação dos tamoios. Os índios amigos, vendo o sucesso dos inimigos, achavam que a justiça divina estava do outro lado.

Nóbrega transferiu o cargo de provincial para o padre Luiz de Grã, permanecendo como superior em São Vicente. Ele e José tentavam acalmar os ânimos, lutando contra os vícios dos cristãos, combatendo contra os arraiais de escravidão, fazendo procissões e penitências. Essa situação durou dois anos, até que Nóbrega tomou uma decisão, já no ano de 1563: propôs às autoridades da cidade que ele mesmo fizesse uma entrada pelas terras dos tamoios para conversar com eles, na tentativa de fazer as pazes ou encontrar o martírio pelo qual tanto ansiavam os irmãos. O governador aceitou a proposta.

Nóbrega, então, convidou José para ir com ele na empreitada, como companheiro e intérprete. O testemunho disso está com o padre Diogo Laynez, sucessor de Inácio de Loyola na Companhia de Jesus, para quem o irmão José escreveu uma carta datada de 16 de abril de 1563: “Esta é uma notícia de grande alegria para toda a terra e muito mais para nós, que esperamos que por ali se nos abrirá alguma porta para se ganharem algumas almas para o Senhor...”

Nóbrega e José partiram no navio do genovês José Adorno, no final de abril de 1563. Chegaram às praias de Iperoig no dia 4 de maio, numa região conhecida como Ubatuba. Assim que desceram na praia, quedaram-se de joelhos e oraram a Deus, solicitando novas graças e proteção. Havia nas redondezas o morubixaba Caoquira, que os aceitou como hóspedes. Logo providenciaram uma capelinha e rezaram a primeira missa no dia 9 de maio.

Perturba-te, ó Theóphilo, contar-te tantos detalhes? Gostaria de que ficasses sabendo que convivi com um santo de Deus e, mesmo assim, ainda não sei usar direito as chaves que ele usou para usufruir tanta ventura, estando ainda em vida na Terra.

Os índios da região vinham ver o crucifixo com a maior curiosidade. A eloquência de José, na língua deles, fazia-os permanecerem parados, escutando as lições de doutrina. Foi assim que os dois missionários fizeram admiradores por aquelas bandas do sertão. Mas os tamoios do Rio de Janeiro reuniram-se em Iperoig para terem a honra de matar os dois padres.

No dia 24 de maio, chegaram duas canoas, numa delas estava o conhecido chefe Pindobuçu, alto, forte, corpo atlético, descalço, as pernas pintadas de traços e pontos pretos, as coxas quase que totalmente pintadas à volta com listras pretas, antebraços listrados também de preto, braços com listras vermelhas de urucu que seguiam pelo tórax, quase em configurações gregas, um traço preto passando pelas clavículas, no pescoço um colar adornado com um grande osso em forma de lua crescente, o rosto pintado com listras pretas e vermelhas, a testa raspada e pintada com uma grande listra vermelha. Estava sempre segurando sua borduna, que ia do chão ao seu peito, o arco e as flechas eram mais altos que ele. Seu semblante duro assustava os mais valentes e seu olhar perscrutador parecia vigiar os mais leves e breves movimentos do seu interlocutor.

Ocorreu que Pindobuçu, ao conhecer os irmãos, ouviu os seus arrazoados e compreendeu que eles eram homens de paz e honestos em seus propósitos e os recebeu em sua casa, dando--lhes proteção.

Muitas canoas chegavam com índios ferozes apostados em que matariam os padres. Encontravam pela frente o valente Pindobuçu que, sabendo do medo que tinham do "padre feiticeiro" que falava com Tupã, tomavam-se de medos dos divinos castigos e nada faziam. Entretanto, nem tudo eram flores, estavam no meio de gente feroz e desconfiada. No dia 9 de junho, dia anterior ao dia de *Corpus Christi*, Nóbrega e José estavam na praia quando viram aproximar uma piroga chefiada pelo filho de Pindobuçu. Logo desconfiaram das más intenções do índio e começaram a correr de volta à aldeia. Havia uma boa distância a percorrer. Nóbrega, com a tísica em estado adiantado, mal podia andar, tendo ainda de atravessar um riacho que encontraram pela frente cuja profundidade lhes dava pela cintura. José, com suas costas arqueadas, tentou carregar o superior, mas não conseguiu. Caíram no rio, conseguiram sair e correr mais um pouco, arfantes. Ao chegarem à aldeia, souberam que Pindobuçu estava ausente. Não tendo nada mais a fazer, entraram na oca. Nóbrega, já sem forças, caiu de joelhos e José permaneceu de pé com o crucifixo na mão, orando.

Os perseguidores chegaram e os encontraram na oca de Pindobuçu. Vendo a cruz erguida e irradiando luz, arrefeceram em seus ânimos de matar os padres. José, então, começou a falar-lhes em tupi, com seu verbo envolvente e persuasivo. Seu discurso foi tão comovente e eficaz que os índios se arrependeram e confessaram a maldade que queriam fazer. Concluíram e disseram para todos que com tais homens, como aqueles dois filhos de Tupã, não se podia suspeitar de fraudes ou atitudes enganosas.

Protegidos assim por seus antigos inimigos, permaneceram ali por dois meses sem que as pazes fossem feitas. Precisariam ir também à sede das decisões para outras resoluções, ao mesmo tempo que não podiam retirar-se dali, pois os nativos ficariam desconfiados. Eram verdadeiros reféns, negociando a paz com inimigos, muitas vezes também incompreendidos.

Acontecia como Paulo Apóstolo, em nome do Cristo, que ficou também refém de Festos, em Cesareia, por dois longos anos, e depois de Nero, em Roma, por mais dois anos, em nome do evangelho que pregava aos gentios. Parecia uma reprise em ponto menor, mas com os mesmos perigos. José, sabiamente, ofereceu-se para permanecer entre os tamoios e sugeriu que Nóbrega fosse para São Vicente. Acordados assim, Nóbrega partiu no dia 21 de julho.

O jovem José ficou sozinho no meio dos gentios nem sempre cordatos, muitas vezes ferozes, gente que não conhecia piedade nem misericórdia, pois no meio deles o menor dos problemas era o de perder a vida. Não conheciam o pudor da castidade e o cuidado de José em não entrar em tentação da carne, visto que não queria desviar-se da sua missão de exemplo, na pureza de intenções, em não se macular com o sexo desvairado e irresponsável da época.

As índias nuas e belas achegavam-se a ele, pobre José, e se ofereciam, não entendendo mesmo o sentido da vida recatada de José. E ele vivia assim, precavendo-se das tentações do sexo fácil e sem compromisso. Pindobuçu, um dia, perguntou-lhe qual seria o segredo de tal castidade com abstinência sexual. A resposta sábia de José, embasada em sua religião, veio logo:

– Somente com disciplina podemos dominar o jugo da carne quando chegam os desejos maus. Jejuamos e deixamos de fazer sexo, sobrepondo a nossa vontade às vontades do corpo. Assim, somos fortes em tudo e a nossa aparente fraqueza é a nossa fortaleza.

Para encher a sua mente de coisas agradáveis, para não dar lugar a pensamentos inferiores, José apegou-se à sua devoção a Maria Santíssima. Pôs-se a escrever-lhe a vida em versos nas areias de Iperoig, com seu cajado de peregrino. Os versos latinos corriam sobre a areia. Não havia tinta, nem papel, nem pena apropriada, escrevia ali mesmo perto das ondas do mar fronteiriço, ao som do quebrar rotineiro das águas nas areias límpidas e brancas. Escrevia os versos e os decorava, com sua memória prodigiosa.

Os índios o observavam e, de vez em quando, podiam ver uma ave de belas cores a pousar-lhe nos ombros, nas mãos e até na cabeça. Era um sinal da grande espiritualidade daqueles momentos. As mensagens espirituais de Maria chegavam até ele e diziam que nada lhe aconteceria enquanto estivesse escrevendo tão mavioso poema, pois que ele estava sob a sua proteção.

Foi com essa certeza que respondia às ameaças dos índios que, volta e meia, se aproximavam e diziam:

– José, farta-te de ver o sol, pois que na próxima lua haveremos de te matar, se não vier resposta dos teus amigos.

Ao que ele respondia, sorrindo:

– Não fiquem cansados por minha causa, eu sei muito bem que vocês não haverão de me matar, pois Maria Santíssima, mãe de Jesus, do Céu, me disse que não haveria de morrer aqui.

Mas houve um grande perigo, em seguida. Quando da volta das canoas que levavam Nóbrega para São Vicente, espalhou-se que os portugueses haviam matado um dos guerreiros de Aimbaré, aliado dos franceses. Houve revolta e queriam tirar a vida de José, mas Pindobuçu interferiu e, de modo valente, falou com altivez e com muita ênfase, e seus guerreiros pegaram em armas, inibindo os ânimos dos guerreiros tamoios do Rio. Pindobuçu, em sua sabedoria de homem vivido nas matas, nos mares, nas montanhas e nos perigos, disse para José:

– Filho, não tenhas medo e roga a teu Deus que me dê vida longa; não haverão de matá-lo, ainda que seja verdade que os seus amigos tenham matado os nossos, em São Vicente.

Sabes, Theóphilo, esse protetor de José tomou a fé cristã e viveu longamente como bom cristão.

Descobriu-se depois que tudo não passara de uma mentira e que nenhum índio tamoio havia morrido em São Vicente, pois o guerreiro de Aimbaré voltou bem vivo e contando como havia sido bem recebido pelos moradores de São Vicente. Nóbrega, os índios e os portugueses haviam se abraçado em pleno terreiro, havendo sido tratada a paz.

No dia 14 de setembro daquele ano, os índios levaram José, em escolta, para São Vicente, pois tinham receios de que estranhos pudessem lhe fazer mal. E foi assim que, no dia 21, José chegou a São Vicente, acompanhado de um dos chefes índios mais ferozes daquelas bandas, o terrível Cunhambeba, agora convertido e muito amigo de José.

Muitas chaves das entradas do Reino já estavam com José, ele já conseguia abrir as portas da comunicação com a espiritualidade superior, que o visitava e o orientava em seus momentos de oração.

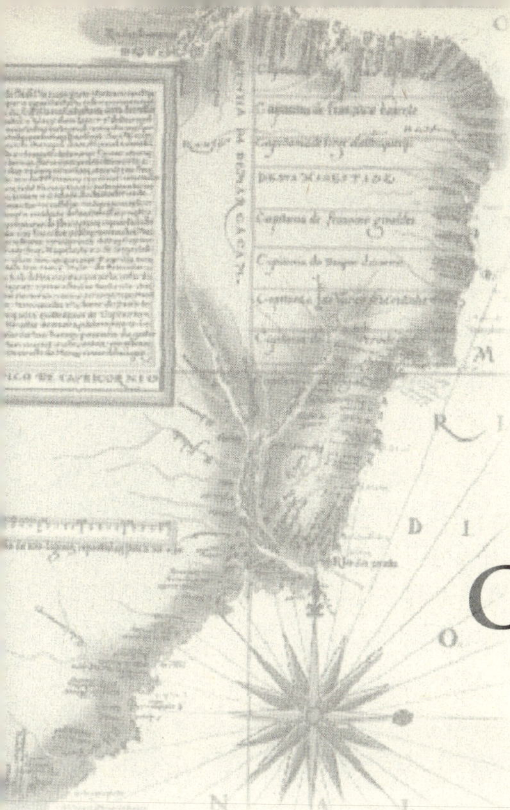

Capítulo 13

A rainha Catarina, regente de Portugal durante a menoridade do infante d. Sebastião, sabendo das pazes com os tamoios, mandou armar dois galeões, a serem comandados pelo capitão-mor Estácio de Sá, sobrinho de Mem de Sá, com ordens para retirar os franceses à força e criar uma vila na baía de Guanabara, como já te disse antes.

Estácio chegou ao Rio em fevereiro de 1564. Sua primeira providência foi chamar Nóbrega e José, mas percebeu que o ambiente era de guerra e havia falta de mantimentos e de homens para a luta. Decidiu, então, ir com a armada para São Vicente.

Nóbrega o convidou para uma visita à casa de São Paulo, onde havia grande contingente de índios convertidos e que poderiam combater os franceses calvinistas. A empreitada foi um sucesso, pois, no dia 22 de janeiro de 1565, a nau mãe, de Estácio de Sá, partiu de Bertioga, seguida, no dia 27, de cinco navios menores e de oito canoas, conduzindo um exército de duzentos homens, entre portugueses, mamelucos e índios. Dois de meus navios estavam ali e eu mesmo comandava um deles. José a todos animava, como conselheiro e companheiro do padre Gonçalo de Oliveira, a quem Nóbrega entregou os cuidados religiosos da expedição de guerra. Chegamos ao Rio no dia 1º de março.

Ficamos fundeados fora da baía de Guanabara, esperando a chegada da nau capitânia que vinha do norte, da Bahia e do Espírito Santo. Com a demora da chegada da nau e os víveres quase no fim, o desânimo começou a abater-se sobre os homens, quando José deu início a uma campanha de reconforto, dizendo a todos que no dia seguinte haveria de chegar o reforço esperado. A profecia foi precisa. Na manhã seguinte, apareceram três barcos da Bahia com as provisões e, no outro dia, avistaram a nau capitânia. Esconderam-se todos por detrás do Pão de Açúcar, nome que José havia dado àquele monumento de pedra que havia no local da entrada do Rio de Janeiro, justamente na enseada da praia Vermelha.

Essa guerra durou pelo menos uns três ou quatro anos. Lutas contínuas, fome, mas os homens eram encorajados pela religião, confessavam-se e comungavam diversas vezes, na maior confiança em Deus. Estácio de Sá, com apoio dos padres, era o maior exemplo de esforço e prudência, de virtudes e de religiosidade. Lutavam contra os numerosos tamoios, homens acostumados a guerras ferozes, e contra os franceses calvinistas e até alguns luteranos. Era, afinal, quase uma guerra religiosa.

Parecia que Deus estava do lado dos portugueses, pois muitos feridos logo se curavam de flechas mortais, de rara cura; outros levavam balas de ferro no peito desarmado e estas caíam-lhes aos pés amassadas. Milagre? Era uma espécie de invulnerabilidade, por proteção espiritual. A bravura era tanta que quatro dos nossos enfrentavam vinte contrários e os faziam fugir.

Uma cena inesquecível ficou gravada nos olhos daqueles guerreiros improvisados. Certo dia, juntou-se uma multidão dos inimigos e atacaram a sede da cidade, que era apenas uma choupana de palha com uma frágil cerca de pau. O padre Gonçalo de Oliveira estava na igreja, diante do altar, orando, e as flechas vinham do alto, furando o teto de palha e fincavam-se à sua volta. Os homens defendiam a cerca e, de vez em quando, levavam feridos para dentro da igreja. Vendo o padre cercado de flechas, mas ileso, novo ânimo tomava conta de seus espíritos e voltavam à luta com mais disposição ainda. Nesse espírito de luta, fizeram correr o inimigo, que fugiu com medo da ira dos protegidos de Deus.

O espírito São Sebastião participava da guerra, favorecendo os portugueses e amigos, pois que, com apenas cinco canoas, Estácio de Sá desbaratou as cento e oitenta preparadas pelos tamoios. Eles fugiram quando viram a própria nau principal incendiar-se ao lado deles. José, que foi testemunha daqueles dias, comentou que os tamoios fugiram daquele fogo abrasador da nau dos franceses e do favor do "glorioso mártir São Sebastião que ali foi visto pelos tamoios. Eles mesmos, passado algum tempo, perguntavam quem era o soldado que andava armado, muito leve, que saltava de canoa em canoa, que os espantara e os fizera fugir?" A guerra acalmou e, quando chegou mais socorro da Bahia, os tamoios entregaram-se e pediram paz.

Em julho de 1566, José estava na Bahia, para onde foi receber as ordens sacras e informar o governador-geral dos resultados favoráveis da guerra. Por essa época, recebeu ordens de, mesmo sendo noviço, visitar a casa do Espírito Santo e suas aldeias, onde ajudou numa epidemia que se espalhava de modo violento.

D. Pedro Leitão, bispo do Brasil, sediado na Bahia, o ordenou padre, depois de recolhimento e exercícios espirituais costumeiros em sua ordem. Leitão era um antigo conhecido dele, desde Coimbra. Ali, José esteve também com o devoto Inácio de Azevedo, enviado por Francisco Borja, visitador dos jesuítas no Brasil.

Tudo estava pronto para a conquista integral do Rio de Janeiro. Em novembro de 1566, partiu uma armada da Bahia em direção ao Rio. Mem de Sá, informado sobre a guerra, entrou na baía de Guanabara, acompanhado pelo padre José, pelo bispo e pelo visitador, no dia 18 de janeiro de 1567. No dia 20, logo a seguir, Mem de Sá deu combate aos inimigos restantes. Os tamoios resistiram duramente, mas os portugueses foram vitoriosos. Apenas uma grande tristeza abateu-se sobre eles. Estácio de Sá foi ferido com uma flechada num dos olhos, vindo a falecer um mês depois.

A baía da Guanabara foi conquistada sob a proteção celeste, sob o esforço de Estácio de Sá, do trabalho dos jesuítas e de seus índios, entre os quais o grande e famoso chefe Arariboia. Mas havia muita luta ainda a ser travada, pois os tamoios estavam espalhados por toda a capitania do Rio de Janeiro.

José, Luiz de Grã e Inácio de Azevedo, acompanhados pelo bispo do Brasil, foram visitar São Vicente. Foi nessa ocasião que aconteceu outro grande prodígio por parte do padre José. Peço-te, caro Theóphilo, para contar-te tal proeza espiritual com a finalidade de saberes que existem essas coisas quando temos as chaves certas para abrir os portais dos céus.

Uma índia fez algumas velas e reservou duas para si. Perguntaram-lhe por quê e ela respondeu:

– Faço isso para que o padre José reze uma missa por mim quando eu me tornar santa.

E deu as velas ao padre.

Não muito tempo depois, os tamoios de Cabo Frio assaltaram São Vicente e levaram cativa essa índia. Um dia, José acendeu as duas velas e disse uma missa de uma santa mártir, pondo na oração o nome da índia. Nóbrega, intrigado, perguntou-lhe publicamente que santa era aquela. José, então, respondeu que era a tal índia que acabava de ser martirizada. Esse martírio deu-se a trinta léguas de São Vicente, mas logo as notícias confirmaram a profecia. Ela morreu porque não quis faltar à fidelidade que devia a seu marido e nem ofender a Deus. Quisera antes morrer. O martírio foi testemunhado por alguns que relataram os acontecimentos em São Vicente. Além do testemunho do próprio padre José, narraram a ocorrência também o padre Vicente Rodrigues e o irmão João de Souza, que estavam em São Vicente na época.

Finalmente foi decidida a mudança da casa de São Vicente para o Rio de Janeiro, com a finalidade de incentivar o crescimento do lugarejo. Para lá se dirigiram o padre visitador, o padre Luiz de Grã, provincial, Nóbrega, reitor do novo colégio, e o padre José. O novo superior de São Vicente foi, então, nomeado e essa nomeação caiu sobre a cabeça do padre José, que retornou à capitania de São Vicente. Essa capitania já não era tão necessária aos interesses de Portugal nem dos jesuítas, pois era muito longe e havia sempre muitas lutas com diversos grupos de indígenas. Os engenhos estavam quase falidos, visto que os produtos dali encareceram, pelo trabalho de frete.

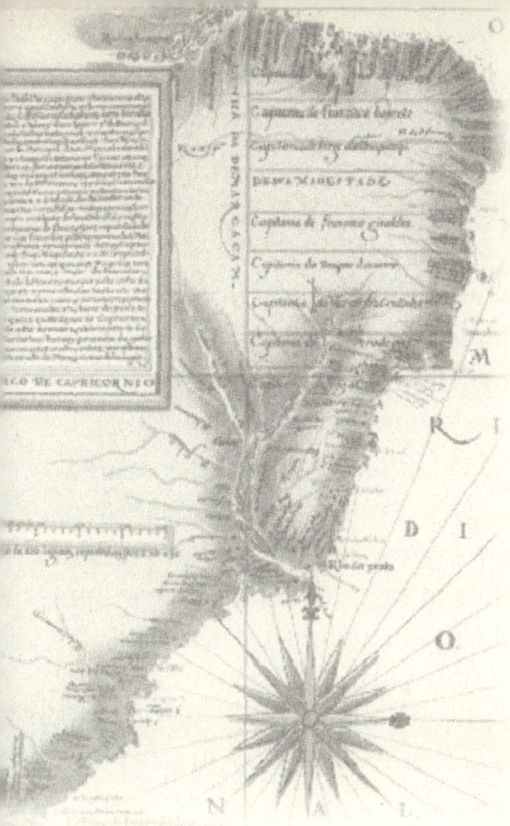

14

Desde sua chegada à capitania de São Vicente, o agora padre José foi pioneiro em dois tipos de missão: uma delas era a de caminhar pelo sertão adentro e buscar índios e os europeus escondidos por causa de seus crimes; a outra era orientar os colonos nas coisas da religião.

Para alcançar tais desideratos era preciso vencer muitos obstáculos com fé, heroísmo e completo desprendimento por sua própria vida. As cobras eram muitas e de várias espécies; seus venenos eram mortais, e quando se salva alguém é quase por milagre. Animais selvagens como onças, suçuaranas, pumas e cães do mato são tantos que as matas e os desertos estão repletos de seus rastros. Há o perigo constante de se estar sendo vigiado pelo inimigo que muito bem se esconde nas beiras de mato. Há as tormentas marítimas, naufrágios constantes, ventos contrários e desembarques forçados em terras de canibais. Na capitania de São Vicente, às vezes, faz muito frio e, muitas vezes, eram encontrados no campo índios mortos pelo frio. As chuvas frequentemente eram torrenciais e os rios enchiam perigosamente.

Mesmo assim, com todas essas dificuldades, os missionários conseguiam fazer tribos inteiras descerem dos sertões para as aldeias. Ali passavam a viver em comunidade, em casas grandes, com um chefe a quem obedeciam. Viviam juntas de cem a duzentas pessoas, entre maridos, mulheres, filhos. Não se queixavam de nada e nem havia falsidades entre eles. Eram modestos e naturais, honestos e devotos. Havia os que comungavam e deixavam cair muitas lágrimas ao receberem a hóstia sagrada. Jejuavam e se preparavam antes da comunhão, não sendo afeitos à vingança.

Gostavam de ouvir a missa e dela participavam, em silêncio, ora de joelhos, ora de pé, com as mãos estendidas para o alto. Gostavam muito de estar na igreja e dos cultos que ali se professavam. Aprendiam bem o catecismo e os mandamentos. Além de tudo, ainda davam conta de aprender uma profissão, de ler e escrever, contar, cantar e falar o português.

Havia também os portugueses ambiciosos que escravizavam os índios e, certo dia, em Santos, iriam partir dois navios para uma empreitada de captura. Padre José tomou providências junto às autoridades, mas não teve sucesso. Foi, então, para o púlpito e fez veemente pregação contra tais ações desumanas. De nada adiantou, mesmo diante das ameaças de castigos divinos que o padre proferiu. Um dos comandantes não acatou as admoestações do padre e veio a sucumbir, ele e toda a sua tripulação, durante um ataque dos selvagens.

Certo dia faltou azeite na capitania e o despenseiro, Antônio Ribeiro, avisou o padre José de que o azeite do colégio havia acabado. O padre José, então, disse-lhe:

– Irmão, quando precisar de azeite não deixe de procurar no barril, pois que Deus é Pai e não deixará que nos falte tal suprimento. O irmão Antônio, que já havia revirado o barril e queria empregá-lo em outra utilidade, sempre encontrava um restante de azeite que dava para suprir as necessidades. Isso aconteceu até que, dois anos depois, um navio chegava, trazendo provisões para o colégio. Esse milagre de multiplicação foi narrado por duas vezes nos evangelhos. O padre José dominava esses segredos do espírito.

Outros prodígios aconteceram na presença do padre José. Conta-se que, na casa de Domingos Dias, um bom homem que morava na capitania, morreu um índio cujo nome era Diogo, muito cristão. Algumas horas depois, alguém percebeu que o defunto havia se movido. A senhora da casa, d. Grácia Rodrigues, aproximou-se dele e escutou o seu pedido:

– Chamem o padre José para me batizar.

Respondeu-lhe que o padre estava a duas léguas, em São Vicente. Mas Diogo falou, ainda decidido:

– Vão procurá-lo, pois estive com ele no riacho, junto à vila, e o padre mandou-me voltar ao corpo para que pudesse batizar-me.

Foram buscar o padre e, quando ele chegou, Diogo perguntou-lhe se trazia ainda consigo o relicário que lhe mostrara no caminho. José tirou-o do peito e o índio ficou muito alegre e, a pedido do padre José, contou que os portugueses que chegaram primeiro à sua terra o instruíram nas coisas religiosas, mas não o batizaram, e ele, achando que não seria necessário ser batizado, apenas cumpria os mandamentos.

Padre José batizou-o ali mesmo, sob a emoção de todos. Uma das principais testemunhas desse caso foi a d. Grácia Rodrigues, senhora da casa, esposa de Domingos Dias.

Em 1570 aconteceu um fato inédito, de tal monta e poder que, por muito tempo, foi cantado pelos menestréis improvisados dos sertões. Vou-te contar o que ouvi de testemunhas que juraram ser verdade, fazendo crença e fé.

Um dos mestiços de São Vicente, um daqueles que não haviam aceito a fé em Jesus Cristo, tomou de sua mulher e filho e foi para o sertão, entrando pelas matas. Levou consigo, também, um branco, casado, chamado Domingos Luiz de Grou e toda a sua família. O convite era para que eles pudessem viver mais à vontade, como muitas das gentes ainda viviam, sem as obrigações cristãs. Muitos pedidos foram feitos para que voltassem e não os atenderam. Diziam que, caso fosse o padre José buscá-los, eles voltariam.

Padre José, chamando a si o padre Vicente Rodrigues, com muita compaixão daqueles que pareciam perdidos para Cristo, ainda chamou um homem de coragem, que era o Manuel Veloso, e mais uns índios para enfrentarem o sertão, subirem as serras e tentarem salvar aquelas almas.

No caminho, iam numa canoa por rio abaixo, quando deram com uma cachoeira. A força das águas era muito forte, levando a canoa. Todos afundaram, mas, com grande esforço, conseguiram sair. Veloso, rápido, saiu logo atrás dos índios, que eram mais acostumados com as corredeiras. Depois, o padre Vicente. O padre José não sabia nadar e não saiu da água, permanecendo no fundo do rio. O tempo passou e o índio Araguaçu, muito forte, fez várias tentativas de procurar o padre José, mergulhando nas corredeiras. Numa dessas vezes, Araguaçu achou-o e o trouxe nas costas, mas não pôde nadar com o peso e acabou por soltá-lo de novo no fundo. Mas Araguaçu não era de desistir e disse:

– Se esse padre ficar aqui, sofreremos por tê-lo deixado.

Mergulhou e conseguiu trazer o padre José. Verificou-se que José não havia se afogado e nem mesmo bebido água. Perguntaram-lhe como é que havia conseguido tal proeza, ao que ele respondeu:

– Filhos, estava rezando as horas da Conceição, pois Maria Santíssima intercede por nós e nos livra dos perigos.

Seguiram pelas serras, no meio das árvores, sem que achassem o caminho. Estavam molhados, com fome e muito frio. À noite, devagar, foram vencendo distâncias e acabaram por encontrar o caminho da aldeia que procuravam. Os gentios, vendo os padres e os outros daquela maneira, encharcados e arranhados, tiveram muita pena, não só dos heróis, mas de si mesmos, que haviam obrigado os padres a tão perigosa missão.

Não foi a persuasão do padre José que funcionou, mas a coragem de enfrentar todos os perigos é que tocou aqueles homens rudes e descrentes.

Mais tarde, o padre Pedro Leitão perguntou ao irmão José sobre esse fato, e ele respondeu com a maior naturalidade:

– Eu não vi quando a canoa virou, porque estava rezando as horas de Nossa Senhora da Conceição, e, sentado como estava, fui ao fundo, onde continuei com a reza, sem que a água me fizesse mal algum.

O padre estava invulnerável por causa das defesas espirituais que o amparavam. Nada de mal lhe podia acontecer. Já que te estou contando esses prodígios produzidos pelo padre José, deixa-me contar-te o caso do índio Adão.

Quando José estava lá pelos lados de Itanhaém, entrou na mata sem nem saber por quê. Lá encontrou um índio muito velho, sentado ao pé de uma árvore. Quando o índio o viu, começou a clamar:

– Vem, vem depressa, pois há muito tempo que te espero.

– Quem és e o que fazes aqui?

Pela resposta, o padre José percebeu que o índio não era daquelas paragens e nem mesmo do Brasil. Por estranhas forças, ele viera parar ali, bem no caminho em que estava passando. O padre verificou que o índio era uma pessoa de valores espirituais adiantados e explicou-lhe alguns ensinamentos da religião. E o índio disse-lhe:

– Não sei por quê, mas parece que dentro de mim eu já sei de tudo isso.

O padre José, tomando de um pouco da água de chuva que estava nas folhas dos cardos, batizou o índio, dando-lhe o nome de Adão. Foi aí que o velho índio, alçando os olhos e as mãos para os céus, entregou sua alma a Deus.

São tantas as forças celestiais que acompanham o padre José, que precisarei escrevê-las todas para que não as esqueças. Aproveito, Theóphilo, e já registro algumas delas nestas epístolas que te escrevo com muito gosto, desde que me ajudem a tomar como exemplo as orações e o proceder santo do padre José.

Sabes que os índios tapuias, que ficam bem lá para dentro do sertão, são mansos e muito amigos dos portugueses? Havia a tribo dos miramomis. O padre José salvou a vida de um deles em Piratininga. Esse índio afastara-se e esteve sumido por vinte anos. Mas um dia apareceu, ele e outros de sua tribo, bem perto de Santos. Padre José acolheu-os e fez-lhes uma igreja. Esteve com eles ensinando e aprendendo seu vocabulário, fazendo nova gramática. Depois, por ter muitas outras ocupações, entregou suas anotações ao padre Manuel Viegas.

Passado algum tempo, padre José visitou esses índios em uma aldeia próxima à fortaleza de Bertioga. Foi hospedado e, antes do anoitecer, pediu ao hospedeiro que permitisse que fosse dormir na ermida de Nossa Senhora, a alguns metros da fortaleza. O hospedeiro e o seu genro, Afonso Gonçalves, acompanharam-no, deixando lá o padre José, quando anoiteceu.

Já era noite alta, quando a mulher de Afonso Gonçalves acordou, ouvindo suave música vindo dos lados da ermida. Olhou naquela direção e viu a ermida cheia de luz, cujos raios saíam por entre as telhas, por cima dos frechais e pela porta. Todo o alpendre estava iluminado de modo belíssimo. Chamou o marido, que abriu a janela da fortaleza e quis ir ver o que se passava, mas não conseguia dar nem um passo.

Pela manhã, estiveram com o padre José e perguntaram o que tinha sido aquilo, que favores celestiais havia recebido. José explicou-lhes e disse que a ninguém contassem o que haviam visto. Soube disso, pela mui amizade que tenho com o Gonçalves e ele sabe que sou amigo e discípulo do padre José.

As luzes espirituais materializavam-se ao se expandirem do corpo de José e, geralmente, quando isso acontecia, ele levitava em êxtase espiritual e corporal, na leveza de seu espírito belo e missionário. Nesses momentos, os espíritos assistentes de Deus vinham-no consolar e lembrar-lhe os passos de sua missão. Lembro-me de ter lido no livro dos Atos dos Apóstolos que Paulo de Tarso, ao pregar o evangelho em plena rua, transfigurou-se em luzes, no meio de todos. Isso faz parte daqueles que estão a serviço do Cristo.

Padre José permaneceu por dez anos como superior naquela região da capitania de São Vicente, desde 1567. Depois padre Inácio de Azevedo levou-o para a Bahia, em 1577.

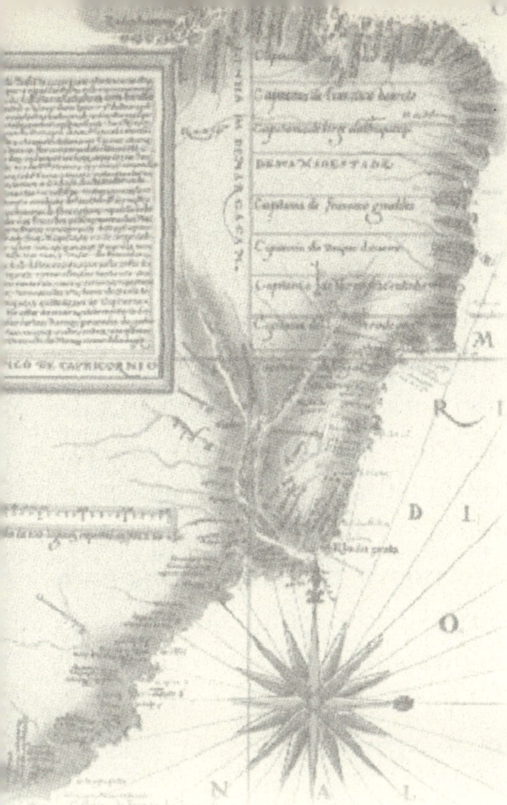

15

Assim que o padre José entrou pelos portais do colégio da Bahia, portando seus trajes andrajosos, rústicos, remendados e pobres, embora ele estivesse acompanhado pelo provincial Inácio de Tolosa, um dos irmãos da Bahia, não aguentando de curiosidade, perguntou a si mesmo em pensamento:

– De onde vem e o que vem isto fazer aqui?

Padre José, em sua humildade, percebendo o pensamento do irmão, não se fez de rogado e respondeu-lhe, amigavelmente:

– Pois é isso, meu irmão, entre tantos, apenas você me reconheceu.

E, abraçando-o com amizade sincera, disse-lhe:

– Que vem fazer aqui um homem inútil e sem préstimo, não é mesmo?

O irmão envergonhou-se e ficou muito admirado, vendo que os seus pensamentos foram ouvidos tão facilmente pelo andrajoso visitante.

Mas só Deus e o padre José sabiam o que vinha ele fazer no colégio da Bahia. Todos pensavam que ali tinha chegado para o cargo de reitor. Entretanto, há algum tempo, estando o padre José junto aos outros ao lado da fogueira, no colégio de São Paulo, disse ao irmão Agostinho de Matos e aos outros:

– Dizem as velhas que um dia serei provincial. Mas olhai bem estas costas que trago comigo, não há de aguentar muito peso! Dizem mais: que hei de ser reitor na Bahia. Digo-vos que a ordem virá, mas não serei reitor da Bahia.

Pois assim foi o que aconteceu. O padre-geral, Everardo Mercuriano, quando o padre José estava na Bahia, nomeou-o reitor do colégio. Contudo, os outros padres, que não o conheciam bem, vendo-o como uma figura simplória, escreveram ao padre-geral:

"Não parece conveniente que esse irmão seja reitor, pois ele tem muito pouca presença."

Sabendo disso, padre José enviou também suas escusas, não aceitando tão digno cargo. Ora, o padre-geral, que tinha o padre José em alta conta e o levava em alto conceito por suas obras de fé nos sertões do Brasil, nomeou-o, então, provincial dos jesuítas no Brasil.

Sem saber do desfecho dessa história, José estava na ilha de Itaparica, ouvindo em confissão uma índia muito enferma deitada numa rede perto do fogo. Sentou-se o padre próximo a ela, numa acha de lenha. O marido da índia quis oferecer-lhe um assento melhor, mas ele não consentiu e disse, de modo profético:

– Outro assento me espera, para o qual serei chamado, antes que daqui me levante, e será de menos gosto para mim.

Mal acabava a confissão, quando lhe foi entregue uma carta em que o provincial solicitava sua presença no colégio da Bahia. Reunidos os irmãos, foi lida a nomeação do padre José para provincial dos jesuítas. De coração simples e humilde em suas atitudes, José, o novo provincial, superior de todos os jesuítas no Brasil, ajoelhou-se diante de todos e beijou-lhes os pés, vertendo muitas lágrimas por estar investido de tão alto cargo na sua vida de simples missionário.

Não houve nenhuma interferência política, mas apenas merecimento, dedicação, devoção, humildade e obediência, tantas outras chaves para abrir tantas outras portas do Reino. Ele foi então o quinto provincial dos jesuítas no Brasil; serviu nesse cargo oito anos seguidos, dando exemplos de amizade, tendo suas virtudes cada vez mais realçadas por seu grande amor, obediência às regras e, sobretudo, uma caridade sem limites.

Ouvi certa vez do padre Rodrigues: "Ele era a humildade encarnada; sua caridade para com os enfermos realmente não tinha limites de esforço nem de tempo. Onde quer que estivesse, seja como provincial ou não, era o mesmo José, amigo nas horas difíceis, confortador nas doenças, orando e bendizendo sempre."

Junto à sua capacidade de consolar e tratar os enfermos, havia uma poderosa força de cura que emanava do padre José. A sua força de curador era de uma energia extraordinária. Em 1578 foi a Porto Seguro. O piloto da nau, Francisco Dias, foi acometido de um 'cobreiro', dolorosa enfermidade. José disse-lhe:

– Vá se banhar, com muita fé, na fonte de Nossa Senhora da Ajuda, lugarejo próximo, logo depois do rio, quando se vem de Porto Seguro para o sul.

Francisco assim o fez e se curou rapidamente.

Nessa fase de provincial, mais precisamente em 1578, chegou o novo governador-geral, Lourenço da Veiga, que resolveu dar uma volta pelas capitanias a fim de tomar uma posição de governo. As naus saíram primeiramente para a capitania do Espírito Santo, levando o governador, seus ministros, o provincial padre José e outros padres, Vicente Rodrigues e Gaspar Lourenço.

Já em terra firme, fazendo suas visitas, passavam por uma ponte de varas sobre um rio muito cheio, devido às chuvas. Os cavalos eram conduzidos a nado pelos índios, com grande perigo. O cavalo do governador assustou-se, largando-se do índio, e foi embaraçar-se nos ramos de árvore. É claro que ninguém se predispôs a saltar nas águas para salvar o animal. O padre José, porém, que estava com o governador na ponte, disse ao padre Lourenço:

– Mergulhe e vá salvar o animal.

O padre, sem questionar a ordem, saltou e foi sair justamente onde estava o cavalo, trazendo-o pelas rédeas. Vendo isso, o governador ordenou que seus criados providenciassem roupas secas para o padre Lourenço. Mas, de modo inesperado, o padre José disse:

– Não será necessário, o padre Lourenço não está molhado.

Cada vez mais, tanto os subalternos quanto os superiores confiavam no padre José, principalmente nas ocasiões decisivas diante dos perigos e dos grandes problemas da vida.

Quando, posteriormente, depois do mês de junho, o provincial padre José estava visitando Bertioga, encontrou-se novamente no meio dos seus mais antigos amigos. Ali estavam os miramomis, os soldados e o capitão. Certo dia, exatamente a 4 de agosto de 1578, todos perceberam que José estava muito triste, fato que contrastava com sua natureza alegre e cheia de vida. Perguntaram-lhe a causa daquela tristeza, e o padre respondeu:

– Neste dia de hoje começam grandes problemas para a humanidade.

Passou-se o tempo e aportou um navio que trazia notícias da batalha de Alcácer Kibir, uma catátrofe de guerra, quando morreu o rei d. Sebastião e os principais nobres de Portugal. Os acontecimentos que tiveram final tão infeliz foram justamente no dia da tristeza do padre José. O provincial era dotado de visão espiritual a distância e, muitas outras vezes, teremos notícias de tais profecias, passando a contar-te mais esta.

Em 1579 o padre José já havia retornado à Bahia. O padre Francisco Pinto, nascido na ilha Terceira, estava na enfermaria prestes a receber a extrema-unção, tal era o seu estado precário de saúde. Entrou, de repente, no recinto o provincial, para visitá-lo. Ao abençoar o doente, padre José disse-lhe:

– V. Reverendíssima está querendo ir para o céu de mãos limpas? Pois saiba que não haverá de ser assim, *longa tibi restat via,* muitos serviços para Deus ainda há de fazer na Companhia e haverá de morrer de morte descansada. Levante-se, meu amigo, e vá ao coro dar graça ao santíssimo sacramento, que lhe está ofertando mais saúde.

Virando-se para o enfermeiro, disse:

– Irmão, devolva as roupas ao padre e que ele não volte mais a esta enfermaria.

Caro Theóphilo, o padre Francisco Pinto, até a data de hoje, ainda está vivo e trabalhando muito, lá pelos sertões.

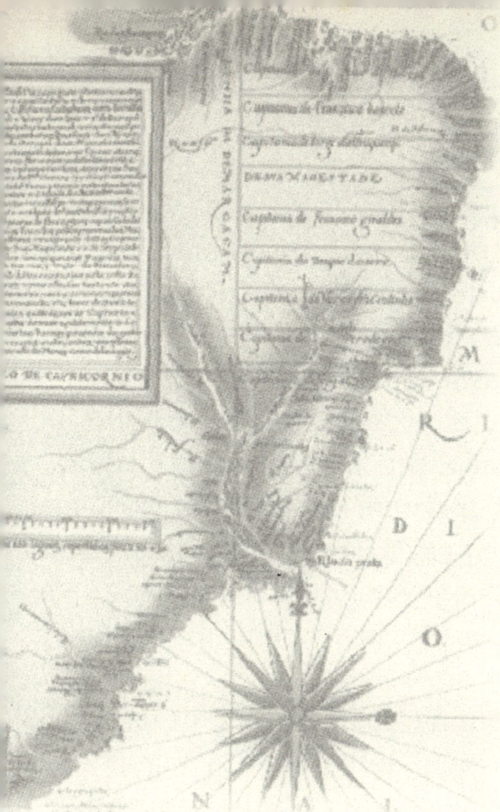

16

Por essa época, eu estava na capitania do Espírito Santo, onde ficava sempre hospedado na casa de um meu amigo, sr. Marcos Esteves, espanhol, também negociante na vila do Espírito Santo. Tive que ficar por ali uns tempos por causa de uma estranha febre que me acometeu. Os senhores da casa deixavam comigo algumas índias que cuidavam de tudo, inclusive dando-me chás e raízes medicinais da terra. Entre essas índias havia uma jovem de mais ou menos quinze anos de idade, viçosa e cheia de vida cujos olhos brilhavam quando me olhava de soslaio. Era tímida e arisca, trazia-me alimento e medicamentos e, principalmente, fazia-me beber chá de artemísia: – Muito bom para febre das matas! – dizia.

Havia algo que me sugeria tê-la conhecido em algum lugar e sempre pedia que a mandassem para conversar comigo. Ela aprendera, em Reritiba, com os jesuítas, a ler e recitar versos da Bíblia. Vestia-se como uma mulher portuguesa e embelezava os cabelos. Seus olhos eram pura jabuticaba, um tanto rasgados, feições suaves e meigas. Havia nela uma certa pose da nobreza portuguesa e meu interesse por ela foi aumentando, mas de certa maneira procurava tirá-la dos pensamentos. Embora fosse uma jovem na época de casar-se, achei-a muito nova, de tal forma que parecia minha filha. Mas não conseguia esquecê-la.

Num dia de febre, meio delirante, abri os olhos e vi Rosita ao meu lado, muito bela. Deitado, procurei observar melhor e levantei a cabeça para aproximar-me mais. Rosita tomou-me a cabeça em suas mãos e a sustentou, mas, de modo impressionante, vi Rosita transformar-se na jovem índia. Balbuciei:

– Rosita!... Rosita!... desculpe-me, jovem, qual o seu nome?

Ela disse:

– Sou eu, Jandira. Todos aqui me chamam de Flor da Serra, pois vim lá das bandas das serras dos aimorés, do lado por onde o sol se põe. Cheguei muito menina em Reritiba junto com muitos índios trazidos pelo padre Serrão. Como aprendi rápido as coisas dos brancos, parecia até que eu já conhecia tudo, os padres me enviaram para ajudar o senhor desta casa e preparar-me para um casamento cristão. Mas agora chega, deita, deita de novo. Precisa descansar.

– És bela, Flor da Serra, logo acharás um bom marido!

– Deus sabe que sim, tenho fé que também serei uma boa mulher. E saberei cuidar de meu homem, que por certo será bom, guerreiro e corajoso.

Passei grande parte do tempo contando minhas aventuras para o filho primogênito do sr. Marcos, o rapazinho Marcos Esteves Filho. O tempo passou e melhorei, sem contudo esquecer Flor da Serra. Fui tratar de negócios nas vilas do interior e sempre voltava aos meus anfitriões na vila do Espírito Santo e perguntava por Flor da Serra. Acabava encontrando-a e ficava ali com ela conversando sobre as coisas da terra dos índios e dos portugueses. Quando lhe contava sobre Portugal os seus olhinhos brilhavam. Comecei a ficar com saudade dela, como se tivesse encontrado, depois de muito tempo, alguém que havia perdido e agora havia achado.

Depois de uma das minhas saídas, senti muita saudade dela. Procurei voltar o mais rápido possível para a vila. Soube que ela havia voltado para Reritiba, pois havia parentes seus que precisavam dela. Os padres haviam-na chamado de volta, pois ela era sempre útil junto aos enfermos, parecia uma enfermeira. Vestia-se com roupas europeias, blusa apertada na cintura, decote largo, saia sobre muitas anáguas.

Não tive dúvidas, providenciei a minha ida imediata para Reritiba. Lá chegando, procurei por ela e encontrei-a no meio dos doentes. Procurei o superior da casa de Nossa Senhora da Assunção, o padre Jeronymo, e disse-lhe que queria levar Flor da Serra comigo.

– Padre, vim de longe para levar Flor da Serra comigo. Gostei dela e sei que ela também gosta muito de mim, portanto, vim pedir o seu consentimento.

– Sr. Matias, que pensais que nós fazemos aqui? Que preparamos as moças, tornando-as cristãs, para virarem meretrizes nas mãos de um aventureiro?

– Ora, padre, bem me conheceis e sabeis que tenho ajudado os jesuítas com muito gosto, sob as bênçãos do padre José e a nenhum colégio tem faltado suprimentos por meu obséquio.

– Não costumamos vender nossas afilhadas índias, senhor Matias. Está acostumado a trocar mercadorias e a negociar todos os tipos de coisas por esses brasis, não será aqui que barganhareis comigo a vida de uma cristã, batizada e evangelizada.

– Padre, parece que não entendestes bem, quero-a para minha esposa segundo as leis da igreja. Será isso impossível para um homem cristão que tem viajado sem eira nem beira, tentando curar sua solidão?

– Ah! Sendo assim, nada mais tenho a dizer. Nem precisamos de dote, visto que tendes nos ofertado tanto de vossas riquezas para não nos deixar em dificuldades.

– Farei mais do que isso, padre, transferirei para a Vila Nova de Nossa Senhora da Vitória a sede de minhas operações no Brasil e ficarei bem mais perto de Reritiba. Assim, estarei sempre por perto e Flor da Serra permanecerá próxima dos seus parentes.

Mal sabia eu que novamente me encontraria com o padre José em futuro próximo, quando esperava saber quais seriam as outras chaves do Reino, visto que ele havia dito que a fé era uma das chaves principais.

Assim que a epidemia que alcançou a aldeia passou, o padre superior de Reritiba chamou-me e providenciou tudo para o casamento em grande estilo, no modo mais bonito. Os mesmos sentimentos que havia sentido junto a Rosita os estava sentindo com a presença de Flor da Serra. Para mim era Rosita que havia voltado. Nem as barreiras da morte conseguem segurar o amor profundo entre duas almas sinceras e cheias de afabilidade. Não entendia bem como isso se dava, mas não importa; não queria mesmo compreender nada. A presença de Flor da Serra me bastou para descansar de procurar alguma coisa na lonjura dos mares. Mas em meus pensamentos não esquecia as palavras do amigo José: – Deus há de te devolver a tua Rosita.

Voltei à Bahia e vendi minha propriedade de lá, deixando apenas uma espécie de gerente dos meus negócios. Trouxe comigo d. Glorita, mui dedicada às minhas coisas; soube de fato governar minha residência durante os meus anos de solidão, nos quais quase nunca ia à Bahia. Pedi-lhe que cuidasse de Flor da Serra, sendo-lhe uma espécie de preceptora, para que a jovem esposa se adaptasse ao seu novo modo de vida, embora de minha parte estivesse bastante acostumado às coisas dos nativos da terra.

D. Glorita estava bem em seu novo posto. Flor da Serra fez progresso rápido e nossas vidas estavam em plena paz e harmonia. Nessas idas e vindas da vila de Vitória para Reritiba, um índio tupiniquim afeiçou-se a d. Glorita. Era Amoré-açu, Grande Peixe, assim chamado porque era forte, alto, belo e grande pescador, vestindo-se meio à portuguesa. Ele havia participado de várias batalhas ao lado dos portugueses e passou a acompanhar d. Glorita. Ela, então, pediu-me que o levasse comigo para Vitória, onde lhe seria muito útil, pois que também se afeiçoara muito a ele.

Por esse tempo, ainda estava viajando muito e era bastante conhecido por muitos lugares. Como havia trazido todos os meus negócios para a vila de Vitória, precisava conseguir gerentes de confiança para que tomassem conta das mercadorias e dos documentos, dinheiro, trocas etc. Por incrível que pareça, mesmo como um bom católico, aconteceu-me uma coisa inesperada.

Certo dia estive na aldeia dos Reis Magos, umas cinquenta léguas ao norte da vila de Vitória. Fui ali com alguns carregadores, entre escravos e índios batizados que trabalhavam para mim, a fim de levar mercadorias e ver se havia algo para negociar. Um dos índios, meu ordenança, o índio Afonso, disse-me que conhecia uma bugra velha, uma velha feiticeira, que era consultada por muita gente que vinha da vila Velha e da vila de Vitória, e ela dava sempre bons conselhos.

– Não seria por parte do diabo, que a muitos engana? – perguntei.

– Só se for um anhanguera bondoso, pois que ela tem ajudado muitas pessoas, e nós a procuramos em nossas doenças. Ela coloca as mãos sobre os curumins com febre e espanta a doença. Muitas vezes adivinha o futuro.

– Sei não!...

– O patrão é quem sabe. Os padres a enxotaram daqui, dizendo para todos que ela tinha anhangá, um espírito do mal.

Todos passaram a chamá-la de velha Anhangá. Mas ninguém liga para isso. Quando precisamos, procuramo-la para afastar de nós os verdadeiros anhangueras.

Ao fim da tarde, resolvi visitar a velha feiticeira. Chamei apenas o índio Afonso e ele conduziu-me pela mata, por detrás do morro onde estava construída a fortaleza dos jesuítas e a igreja dos Reis Magos. Havia um caminho quase escondido. A cabana da índia feiticeira estava muito bem camuflada e só iam ali as pessoas indicadas por aqueles que a respeitavam.

Ao chegar, ela estava de cócoras, amassando uma raiz com folhas e sementes vermelhas de urucu num tipiti. Sem erguer a cabeça, ela perguntou:

– Que quer o homem rico que procura velha?

– Que fazes nessa cuia?

– Beberagem para homem que tem coração fraco.

Levantou-se e sentou-se num tronco encostado na estaca da cabana. Seu corpo nu estava quase todo encoberto por adereços, colares, ossos pendurados e penas de pássaros diversos:

– Sente-se com a velha, vou dizer uma coisa para homem rico do mar.

– Diga! – sentei-me ao seu lado.

– Tá muito rico e suas coisas tão uma bagunça, pois seus pensamentos são só para curuminha, né meu fio?

– Isso mesmo!...

– Pois é, mas não te arreceis que és protegido de Tupã. Até hoje nenhuma tempestade do mar conseguiu colocar-te em perigo. Vai aparecer em tua vida um homem e sua mulher. Presta bem atenção. Eles são muito amigos de sua alma. Velhos amigos, sei que não entendes bem, mas tu também sentirás isso. Eles cuidarão de colocar em ordem suas coisas.

A índia feiticeira Anhangá pareceu-me mais uma boa velhinha mal compreendida, mas mesmo assim anotei o que me havia ela profetizado.

Uns sete meses depois, chegaram a Vitória o Sr. João Vieira e sua esposa d. Anny Machado Vieira. Eram comerciantes, vindos de Portugal, com uma carta de meus parentes para que me procurassem, pois queriam dar início a um comércio de pedras preciosas e outras mercadorias que haviam alistado como necessárias e procuradas na Europa.

Acolhi-os ao mesmo tempo em que me lembrava das palavras da bugra velha Anhangá. Esses dois foram verdadeiros arrimos para os meus negócios centralizados na vila de Vitória. Eu possuía uma sesmaria a umas três léguas ao norte do colégio de Santiago, que ficava nas margens do canal que circunda Vitória, quase próximo da entrada da barra. Ali havia uma fortaleza antiga. Alojei-os lá com alguns índios e escravos. Disse-lhes que era como um arrendamento. Eles teriam chance de crescer nos negócios, mas ao mesmo tempo tomariam conta do meu escritório, conduzindo as importações e exportações através do pequeno cais que havia construído na ilha da Fumaça, que ficava a meia légua, voltando para Vitória.

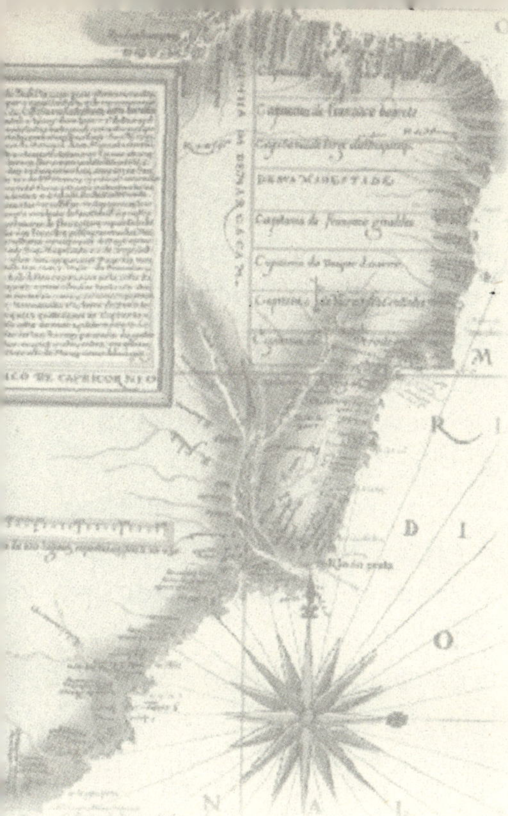

17

O padre José ainda era provincial quando aconteceu outro caso não menos intrigante do que os já contados, meu caro. Aconteceu com o pedreiro João Fernandes, em 1581, quando estava colocando o sino no campanário do colégio da Bahia. Por ali passou o padre José que, ao cumprimentá-lo, lhe disse:

– Segura-o bem, pois serás o primeiro da Companhia em cujo enterro haverá de dobrar esse sino.

Ora, isso seria muito difícil de acontecer, visto que a mulher do pedreiro residia em Portugal e, com certeza, ele seria conduzido para lá. Mas as profecias não haviam terminado. Insistentemente o padre José estava sendo chamado a visitar o colégio de Pernambuco. O tempo estava propício e José resolveu ir lá. Ao embarcar, disse:

– Os padres de lá dão-me pressa de estar com eles em Pernambuco, mas o que eles não sabem é que deverei estar na Bahia no dia de Nossa Senhora da Conceição, é a vontade de Deus.

Virando-se para o padre Luiz da Fonseca:

– Fica por aqui, meu amigo, porque irás comigo a Pernambuco.

Partiu a nau onde ia José mas, por força do destino, os ventos contrários fizeram com que voltassem para a Bahia. Quando os amigos do colégio estavam a conduzi-lo aos seus aposentos, quis que o levassem a visitar o pedreiro, pois soube que ele estava de cama desde que recebera a notícia da morte de sua esposa em Portugal. Ao encontrá-lo, disse-lhe:

– Nossa Senhora mandou-me aqui para receber-te na Companhia. O agradecimento que te peço deste benefício, que por amor da Senhora te faço, é que te lembres de mim quando estiveres na sua presença de hoje a sete dias.

Nem é preciso confirmar que daí a sete dias João Fernandes faleceu de modo calmo e manso, na paz de Deus. Logo o sino se dobrou por sua alma, como predissera o padre José, dias antes. Cumpriram-se as três profecias.

Mas voltando alguns dias antes, quando João Fernandes estava ainda na enfermaria, um amigo seu, Luiz Fernandes, veio visitá-lo e estranhou que ele estivesse de barba raspada. O padre José, ali presente, disse ao Luiz:

– Estranha? Pois coloque as suas próprias barbas de molho que, pelo mesmo polimento, os dois hão de passar.

– Ah! Isso tem dois impedimentos, caro padre. Sou casado e tenho uma filha de nome Maria – disse Luiz.

– Olhe, caro Sr. Luiz Fernandes, pois esses dois problemas vão ser tirados, quando Maria for para a praia e o diabo te quiser levar.

Era um enigma profético que só foi desvendado depois. Daí a uns tempos a filha de Luiz casou-se e foi morar próximo à praia; posteriormente, estando Luiz representando o papel de um indivíduo escandaloso numa tragédia, no momento que o diabo o atacava, badalou o sino, sinalizando por sua mulher, que morria. Luiz ficou livre dos dois impedimentos de se tornar mais um irmão da Companhia, como foi profetizado pelo padre José.

Luiz Fernandes procurou o padre José e lançou-se aos seus pés, dizendo:

– Vossa Reverência tedes traspassado meu coração com as palavras que me dissestes, pois está bem claro o sentido de vossas profecias: Maria está morando na praia, o diabo me quis levar, por alegoria, e minha mulher faleceu. Estou livre e vos peço que me recebais na Companhia.

Desde então, Luiz Fernandes tem vivido como um exemplo de religioso na Companhia de Jesus, heroica nestes primeiros tempos do Brasil. Só faltava então que se cumprisse a profecia sobre o padre Luiz da Fonseca, pois José havia afirmado que ele iria a Pernambuco também.

Quando o padre José estava se preparando para tentar nova viagem a Pernambuco, encontrou uma carta do padre-geral, nomeando o padre Luiz para seu companheiro de viagem. Viajaram para Pernambuco e, depois de algum tempo, voltaram para novas viagens ao sul. Iriam visitar o Rio e depois, São Vicente e São Paulo.

Padre José já estava no Rio de Janeiro em 1582, quando, certa manhã, surgiu no horizonte uma grande esquadra de dezesseis velas. Houve um grande rebuliço, pois de longe não se podia saber da parte de quem eram tais naus. Padre José foi até uma janela do colégio, olhou o horizonte, tendo a bela visão da chegada da esquadra entrando ao lado do morro Pão de Açúcar. Calmo, disse aos companheiros:

– Não há necessidade de inquietação, podem confiar em Deus que são amigos, essa armada não é inimiga, antes, está vindo com ela um homem carpinteiro que vai ser um dos nossos irmãos da Companhia e é gente de grande virtude.

Era a armada de Diogo Flores Valdez, que vinha em nome de d. Felipe II, da Espanha, para garantir a supremacia no estreito de Magalhães. A armada lançou âncoras na baía.

Entre os tripulantes de uma das embarcações, havia um que se chamava Francisco Escalante, natural de Laredo, diocese de Burgos, filho de Jerônimo Mallante e de Maria Hernandez de Hoyo. Ele estava na armada como carpinteiro contratado por Pedro Sarmiento de Gamboa, que pretendia povoar e fortificar o estreito de Magalhães contra os piratas ingleses.

Mas Escalante procurou o colégio dos Jesuítas e pediu uma audiência com o superior, que por sinal era o provincial padre José de Anchieta. Padre José, ao entrar na sala, sem ainda saber o assunto da visita, foi logo dizendo:

– És bem vindo à Companhia de Jesus e nela haverás de morrer.

Sarmiento exigiu que o provincial padre José devolvesse o noviço mas, apoiado por Valdez e pelo direito canônico, o provincial não devolveu Escalante, ganhando em troco a raiva e indignação de Sarmiento. Em 1583, o noviço Francisco Escalante seguiu com o provincial padre José para a Bahia onde concluiu seus votos de noviço.

Assim aconteceu. Escalante foi um bom e dedicado religioso e veio a falecer, trabalhando no serviço missionário da Companhia.

Aconteceu que a armada trouxe consigo muitos doentes que foram recebidos pelos jesuítas em nome do provincial e ele próprio visitava todos, não deixando que nada lhes faltasse, nem médicos, enfermeiros, remédios, alimentos e tudo o mais.

José mandou que o padre João Batista fosse até o comandante Diogo Valdez e pedisse a ele a libertação de um prisioneiro, mas Valdez negou. O padre João Batista disse que o pedido era do provincial. Valdez mudou de ideia e deu um testemunho que ficou na história:

– Se o padre José pede, faça-se; não queira Deus que eu deixe de fazer o que ele me mandar, pois na primeira vez que o vi, nada me foi mais desprezível, mas depois, ouvindo-o e tornando a olhar para ele, nunca me senti mais reverente, ainda que na presença de alguma alteza.

Valdez, vendo a caridade que se realizava sob as ordens do padre José e por ele mesmo, pessoalmente, simpatizou muito com ele e ia muitas vezes procurá-lo no colégio. Valdez ficou no Rio até o mês de outubro, o que favoreceu muito a catequização dos marinheiros da armada, pois que, para o padre José, não era suficiente dizer que pertencia a esta ou àquela religião, mas que se cumprissem com fervor os mandamentos.

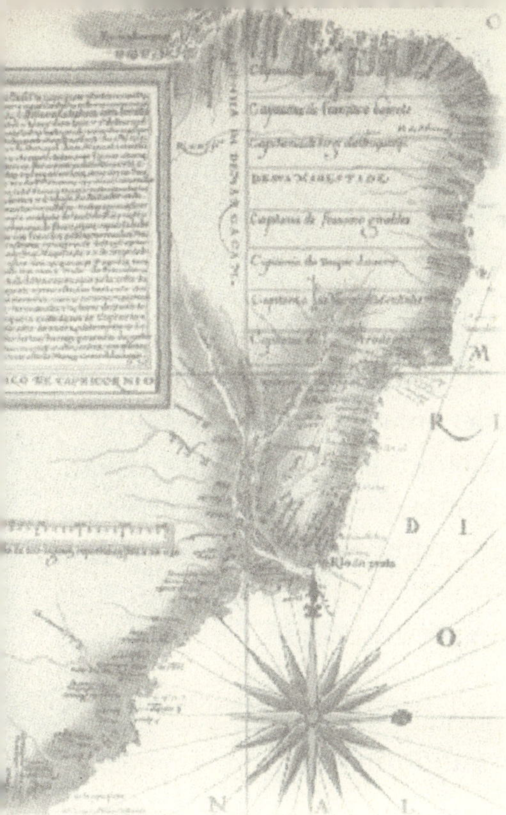

18

Encontrei-me com padre José novamente em 1584, quando esteve visitando a capitania do Espírito Santo junto ao padre-visitador Cristóvão Gouveia. Fui apresentado ao padre Gouveia e, conversando em separado, contei-lhe alguns fatos prodigiosos que sabia e outros que presenciei do padre José, e não tardou que o próprio visitador me contasse também outros tantos. Acompanhei-os pelo interior e pelas praias nas visitas às aldeias, não sem antes convidar o padre José para uma visita ao meu novo lar, dizendo-lhe que havia saído da Bahia e me instalado na vila de Vitória e que fazia questão de que conhecesse minha nova mulher. Ele foi comigo para a refeição do dia.

Em casa conheceu Flor da Serra. Olhou para ela, como se estivesse percebendo algo de novidade e uma alegria tão sincera, diante de tantas preocupações que carregava como provincial, que todos percebemos. Abraçou Flor da Serra como uma filha querida, mas nada disse.

Fizemos nossa refeição e para mim era uma honra tê-lo em minha casa e à minha mesa. Ocorria o vento da viração do meio-dia, uma brisa leve que atravessa o canal que separava a vila de Vitória dos arraiais de Itaquari e da distante vila Velha, para onde melhor se ia de barco que pelos mangues e mata densa. Olhando para o norte, seguindo o canal, via-se a grande pedra que estreitava o canal, uma pedra conhecida como Penedo.

Fomos até a varanda e nos sentamos para conversar, enquanto Flor da Serra permanecia cuidando que os serviçais arrumassem tudo e providenciassem alguns quitutes e doces feitos com o açúcar do engenho do capitão-mor Miguel de Azeredo, lá de Itaquari. Padre José, procurando ser entendido no que queria me dizer, perguntou-me:

– Caro Matias, estás feliz, pois não?

– Estou muito, parece que tenho uma nova vida, cheia de plenitudes.

– É por causa da Flor da Serra, não?

– Sim! Desde que a encontrei não amargo mais a solidão e ares novos chegaram à minha alma. Parece que estou sempre com o vento favorável.

– Não é à toa que a chamam de Flor!...

– Como?

– Sim, Deus, por seus sagrados mistérios, tem muitos recursos, inclusive de ressuscitar os nossos entes queridos, fazendo-os voltar à vida. Ele devolveu a tua Rosita.

– Como assim?

– Tua felicidade agora não é igual à que sentias ao lado de Rosita?

– Sim!...

– Pois então? Sê feliz meu amigo, poucos têm a chance da mesma felicidade na mesma vida. Viva a tua felicidade e não fales dela para ninguém, porque não serias compreendido.

– Tendes razão, padre José.

– Digo-te, em verdade, meu caro Matias, estás usufruindo as bênçãos de Deus porque usaste a primeira chave do Reino – a *fé*. Tu não te desvairaste e nem desesperaste, continuaste na tua tarefa junto aos pobres, na manutenção dos filhos de Deus com má sorte, mas agora te direi sobre a segunda chave, e sei que vais precisar dela em grande aperto. Hás de precisar da esperança, lembra-te disso. No meio do alvoroço, em grande perigo que te parecerá interminável, a chave será a *esperança*.

Quis falar algo, mas ele fez-me um sinal de silêncio, era assunto para guardar no coração. O provincial apenas havia confirmado o que eu já sabia em meu coração. Com seus olhos de profeta ele desvendou um mistério que ainda não está ao alcance dos homens. O fato é que tenho a minha Rosita de volta. É como se ela estivesse vivendo num corpo novo. Sei que é ela mesma, até o seu jeito de cuidar dos doentes, de abraçar-me, sua nobreza de espírito. Isso não seria encontrado numa selvagem. Em perigo, eu deveria usar a chave da esperança.

Nesse tempo, eu já estava permanecendo mais em terra e entregando o comando das naus a capitães mais novos e audazes, novos navegadores de confiança. Os negócios iam bem. Sobretudo, meu herdeiro, filho meu com Flor da Serra, crescia e um dia tomaria conta de tudo.

Realmente, nosso comércio crescia, pois ideias novas começavam a chegar da Europa. Soube que a Inglaterra estava entrando na competição do comércio com as Índias e, para tal, construíra uma nau de vinte e três braças,[4] com três enormes mastros. É claro que precisava comprar um desses para fazer parte da minha pequena esquadra mercante. Esses navios também possuíam um poder de guerra muito bom, o que evitava os gastos com as naus oficiais de escolta. Comecei a sonhar com isso.

Padre José manifestou o desejo de voltar ao colégio de São Tiago e, então, providenciei que fosse conduzido antes que caís-

[4] Aproximadamente cinquenta metros.

se a noite. Com meus sonhos confirmados, abraçava Flor da Serra e ela, compreendendo que eu estava sofrendo uma crise de amor, aconchegava-se a mim com toda a sua meiguice. Lembrava-me das medíocres trovinhas populares, mas que todos cantavam nas horas alegres das brincadeiras da meninada:

Vem, ó menina faceira,
Que trouxe lá do sertão,
Aquece esta fogueira
Que queima meu coração!

Parecia que voltava à infância, quando nada me preocupava, e deixava o tempo correr pelos caminhos das fazendas de Portugal. Mal sabia eu que meu destino estava longe e que meus amores iriam parecer perdidos e depois surgiriam em outras terras. Agora que a idade da madureza já embranquecia meus cabelos, encontrava uma certa paz nos braços de uma jovem que parecia compreender-me em tudo. Sua força era a minha força, seu ânimo era o meu ânimo. Ajuntavam-se nela a formosura da europeia e a firmeza da índia. Exigir mais não podia.

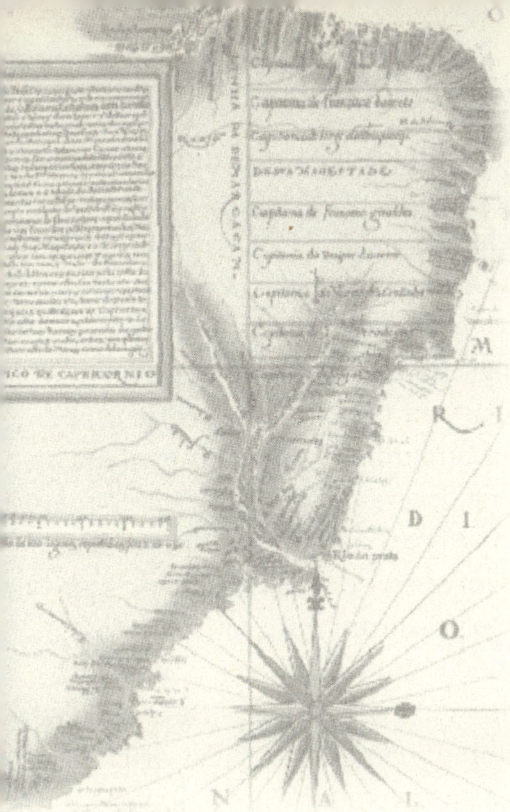

19

Numa de suas idas ao Rio, ainda no ano de 1584, com padre José, depois de ter estado na capitania do Espírito Santo acompanhando o visitador, padre Cristóvão de Gouveia, aconteceu um dos fatos mais polêmicos de sua vida, 'a pescaria milagrosa', na já tão conhecida lagoa de Maricá. Mas isso já foi em maio do ano seguinte, pois o provincial José permaneceu no Rio por mais de um ano.

Os dirigentes do colégio do Rio enviaram um dos irmãos acompanhado de alguns índios, para conseguir provisões, verduras, cereais, peixes etc. mais ao norte, depois de Niterói. José quis ir com eles não só pelo passeio, mas também para confessá-los e dizer a missa.

Enquanto pescavam, José ia apontando para eles os lugares bons para lançarem as redes. Elas vinham fartas de peixes, numa abundância nunca vista naquelas paragens. Aves de rapina surgiram logo, atraídas pelo cheiro forte dos peixes mas, de modo inesperado, José as enxotava na língua dos índios e elas iam embora. Que voltassem depois da pescaria, aí teriam sua parte. Elas obedeceram, voltando depois.

Dizem, caro Theóphilo, que um milagre não vem só. Dois já haviam acontecido, o terceiro foi que surgiram do mato duas onças em busca dos peixes, mas José, novamente, conversou com elas, dizendo-lhes que voltassem depois da pescaria e pegassem o que quisessem, pois eram bonitas e seus amigos queriam vê-las de perto. As onças obedeceram.

As aves e mesmo as feras do mato pareciam obedecer-lhe, mas, não somente elas, as águas dos rios e as do mar também. Certo dia, enquanto os companheiros pescavam, José retirou-se para orar. Quando deu a hora do almoço, um dos irmãos começou a procurá-lo e encontrou-o sentado no meio das ondas e estas cada vez mais altas, pois a maré ia subindo. Só que as ondas arrebentavam à sua volta, deixando-lhe a passagem livre até a praia seca. O irmão não se atrevia a ir buscá-lo; gritou, mas padre José estava introspectivo e nada ouvia. Tomou coragem e foi buscá-lo, despertou-o e voltaram juntos para a praia, indo o irmão atrás do padre. Mas percebendo que as ondas apertavam por trás, assim que o padre passava, teve medo e parou. José, virando-se para ele, disse:

– Meu irmão, onde está a tua fé? Por acaso não sabes que os mares e os ventos obedecem a Deus?

Lenda? Perguntas-me. E as testemunhas que juram os fatos ocorridos? Eu, de mim mesmo, sei que os poderes santos do padre José são reais. Os seres espirituais conversam com ele e muitas vezes obedecem-lhe; luzes do céu afagam-lhe a tez, diante dos grandes problemas, e os céus mandam-lhe avisos; ele sabe das coisas antes mesmo de elas terem acontecido; vê situações que estão acontecendo do outro lado do mundo. E tudo o mais que te contei e que ainda vou te contar.

Quando a pescaria terminou, passaram por uma aldeia de nome São Barnabé, distante sete léguas da cidade. Eles caminhavam de praia em praia e, numa delas, encontraram alguns índios pescadores bem fortes e acostumados ao mar, tentando colocar nele uma canoa, mas não conseguiam. José tocou a canoa e ela tornou-se leve, podendo os índios, sem quase nenhum esforço, deslizar a dita canoa por sobre a areia até o mar.

O grupo teve de continuar a volta de canoa e, num braço de mar próximo ao rio Macacu, houve uma calmaria e o sol tornou-se forte. O calor era grande. O irmão responsável pela expedição queixou-se da quentura do clima. José viu uns quatro guarás no mangue e, dirigindo-se a eles na língua dos índios, disse-lhes:

– Ide além, e chamai vossos companheiros e vinde fazer-nos sombra!

A cena foi impressionante. Os guarás voltaram e formaram uma espécie de nuvem viva acima da canoa, fazendo sombra. E assim permaneceram durante o percurso de uma légua até que, vindo a viração e trazendo ventos novos, o padre José os despediu.

Já não era mais nem de se admirar, pois o padre José já estivera em situação semelhante no braço de mar de Bertioga, quando ia para São Vicente. O sol estava a pino e o calor insuportável, todos reclamando pois com o calor vinha também o cansaço. O padre José disse-lhes:

– Haverão de ter sombra, tenham bom ânimo.

Uma nuvem de garças foi surgindo, também colhereiros, guarás e gaivotas, que chegaram voando por cima deles e assim permaneceram por meia hora. Todos ficaram muito aliviados e com ânimo novo. Estavam no barco nesse dia Antônio Cubas e Melquior Ferreira, que testemunharam o fato quando chegaram a São Vicente.

Ainda mais uma história de mar e ventos. Aconteceu que em 1585 se deu por terminada a visita às casas do sul. Padre José embarcou no Rio, acompanhando o padre-visitador Cristóvão de Gouveia e o padre Inácio de Tolosa a quem salvou um dia, de grave doença, lá pelos lados de Cabo Frio. Quando passavam pela enseada do Vaza-Barris, sobreveio uma tormenta feroz que durou três dias. O padre José permaneceu no convés durante toda a tormenta, em oração. Para ficar seguro ali, pediu que amarrassem seus braços no mastro. Assim orando, de repente viu chegar um dos irmãos que, abraçando-lhe os pés, pediu confissão. Padre José, confiante e parecendo ver além, disse-lhe:

– Não é necessário!

– Pois não é verdade que todos pereceremos? – retrucou o irmão.

– Não, ninguém vai morrer.

– Vou contar para os outros, pois já se consideram perdidos.

– Não faça isso, pois em nada perdem em se encomendarem a Deus em orações constantes.

O irmão tomou novo ânimo e foi dormir. Disse ele que, na falta de um bom lugar, deitou-se sobre um caixão funerário e adormeceu tranquilamente. A tempestade passou e chegaram à Bahia sãos e salvos.

Como sou bom leitor da Bíblia, principalmente do Novo Testamento de Nosso Senhor Jesus Cristo, pareceu-me ver de novo a belíssima cena de Paulo, sendo levado preso para Roma, pois havia apelado para o julgamento de César, como cidadão romano que era, por direito de nascença. Na galera romana, em pleno mar, sobreveio uma tempestade e todos diziam: "Perecemos! Perecemos!" Paulo, seguro de si, afirmou aos companheiros que o acompanhavam:

– Tende bom ânimo, ninguém haverá de morrer, apenas o navio se perderá. Um espírito que veio da parte de Deus, a quem sirvo, avisou-me.

O navio naufragou e todos deram à praia sãos e salvos, como podes ler no capítulo 27 de Atos dos Apóstolos. Essa é mais uma das grandes coincidências entre a vida deste santo que agonizou à minha frente e a do grande Paulo, o Atleta do Cristianismo, aliás, é assim que chamam também aqui o padre José, o Atleta da Igreja, mesmo sendo ele de poucas carnes, de pequena estatura e corcunda, visto que caminha pelas matas muitas vezes melhor que os próprios índios.

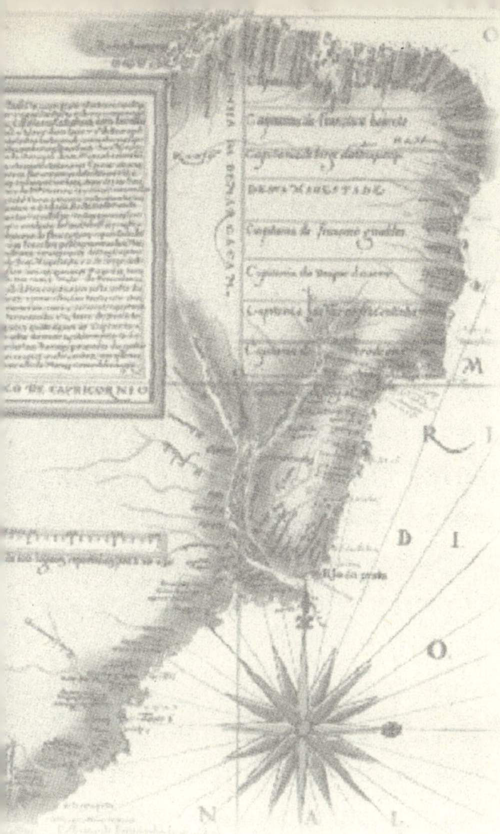

20

A capitania do Espírito Santo era uma das principais localidades destas terras brasílicas. Está a vinte graus para o sul, cento e vinte léguas da Bahia e oitenta do Rio de Janeiro. Foi colonizada pelo fidalgo Vasco Fernandes Coutinho, donatário, quando aqui chegou em 1535. Muitos anos depois o padre Manoel da Nóbrega, que era o provincial, enviou alguns irmãos que foram recebidos muito bem pelos da terra. Logo lhes demarcaram um terreno para que construíssem casa e igreja. Nesse terreno construíram e fundaram a igreja da Invocação do Apóstolo Santiago Maior e o colégio do Espírito Santo. Tudo de acordo para suas atividades normais, de padres e educadores. No início foi muito duro, depois foram se ambientando. Até o ano de 1578 conseguiram construir, inicialmente, pelo menos duas aldeias para receber os índios: a de Nossa Senhora da Conceição e a de São João, nas margens do rio Santa Maria, com duas léguas entre uma e outra; e mais de três, da vila de Vitória.

A da Conceição recebia os índios temiminós provenientes da Guanabara, que fugiam dos tamoios. Muitos dos temiminós, seguindo o grande chefe Arariboia, voltaram ao Rio para combater os tamoios e seus aliados franceses. A de São João recebia os temiminós que viviam reunidos aos tupiniquins do interior. Depois, nos anos de 1578 a 1588, foram fundadas outras aldeias, como a de Reritiba, Santo Inácio ou Reis Magos e Aldeia Nova da Conceição, em Guaraparim. O número de índios presentes nessas aldeias crescia sempre; só nas aldeias antigas devia haver mais ou menos três mil, nas outras, mais dois mil, isso em 1584. Por volta do ano de 1592, já se podiam contar pelo menos nove mil índios.

Mas devo falar-te um pouco sobre a casa de Santiago, na vila de Vitória. A vila do Espírito Santo, onde estava situada a ermida da Penha e a fazenda da Costa de Vasco Fernandes Coutinho, recebeu os jesuítas padre Afonso Brás e irmão Simão Gonçalves, em 1550, que construíram uma igreja dedicada a Nossa Senhora do Rosário, situada diante da enseada da prainha, atrás do monte Moreno e do morro da ermida da Penha. Contudo, tão logo começou a povoação da ilha de Duarte Lemos do outro lado da entrada da barra, o governo foi transferido para lá por motivo de segurança, contra os ataques constantes dos índios botocudos e aimorés, e os jesuítas também se mudaram e construíram numa encosta, depois de uma grande pedra a que chamam de Penedo, um seminário dedicado à Virgem.

Afonso Brás era um vigoroso trabalhador, arquiteto e carpinteiro, e com essas qualidades, após ter recebido de Duarte Lemos a doação de um terreno, construiu um colégio e um quitundo, isto é, uma tenda maior, onde passaram a morar os dois jesuítas. Era o início da escola na qual foi o primeiro mestre-escola do Espírito Santo e o primeiro evangelizador.

Ele construiu também uma ermida que, com o tempo, foi sendo ampliada e em 1551 foi fundada a igreja de Santiago, no dia do apóstolo, 25 de julho. Era uma igreja pobre, mas foi feito o que se podia fazer. Afonso Brás permaneceu no Espírito Santo por uns três anos, até que foi substituído pelo padre Brás Lourenço que, por sua vez, construiu a primeira residência dos jesuítas em Vitória. Devido às batalhas do Rio contra os franceses, em 1566 a vila de Vitória estava em decadência, mas logo a seguir chegou de Portugal o herdeiro da capitania, Vasco Fernandes Coutinho Filho, que conseguiu levantar os negócios da capital e trouxe muito progresso. Com isso, em 1567 Vitória contava com quatro jesuítas e em 1570 já tinham uma boa casa e uma igreja.

Os acontecimentos pareciam ter uma sequência. Em 1573, os padres Inácio de Tolosa e Luiz de Grã salvaram-se de um naufrágio nas proximidades do rio Doce, ao norte de Vitória, e voltaram para Vitória. Foi quando resolveram ampliar a igreja de São Tiago. A conclusão das reformas da igreja deu-se em 1587, por ocasião da chegada do padre José ao Espírito Santo.

Muitos foram os prodígios espirituais realizados pelo padre José no Espírito Santo e as testemunhas também são muitas. Os prodígios ocorridos eram ditos milagrosos, maravilhosos ou sobrenaturais, mas na verdade eram produzidos por um dom especial, característico daqueles que são de Deus, os santos médiuns, como descritos por Paulo em sua Primeira Epístola aos Coríntios, no capítulo 12, versículo 7: "Mas a manifestação do espírito é dada a cada um, para o que for útil."

O padre José sempre teve certa predileção pela capitania do Espírito Santo, onde viviam vários índios e irmãos, alguns discípulos seus de Piratininga. Durante vinte anos ele trabalhou de modo incansável para o colégio de São Paulo, agora ele trabalharia quase dez anos para o Espírito Santo.

A aldeia de Guaraparim formou-se em 1558, proveniente de uma taba temiminó, chefiada pelo grande chefe Jaguruçu (Cão Grande), irmão de Maracajá Guaçu (Gato Grande). A igreja era visitada pelos missionários das aldeias próximas, Conceição e São João, mas foi fundada oficialmente em 1585 e dedicada a Nossa Senhora da Assunção. Para sua inauguração solene, o padre José escreveu o *Auto da aldeia de Guaraparim* cuja encenação foi no porto de Guaraparim, diante das imagens da Imaculada Conceição e de Sant'Ana que, no final, foram levadas em procissão para a igreja que ficava num morro próximo.

A igreja de Reritiba foi fundada em 15 de agosto de 1580, com os índios tupiniquins da localidade e do sertão do Espírito Santo. Com a descida de muitos índios de Minas Gerais e de Goiás, a aldeia cresceu muito. Os missionários iam buscar os índios no interior e traziam-nos para as aldeias, pensando com isso facilitar a doutrinação deles. O padre Diogo Fernandes, discípulo do padre José em 1562 e primeiro jesuíta capixaba a receber as ordens sacras, fez oito entradas pelo sertão, até cento e oitenta léguas pelo interior, conseguindo trazer para o litoral mais de dez mil índios. Só para Reritiba, ele conduziu dois mil índios. A aldeia formigava de gente e as tarefas redobraram na doutrinação, nas confissões e nas atividades de ensino. Em 15 de agosto de 1590, foi representada em Reritiba, primeiro no porto, depois na igreja, a peça teatral do padre José intitulada "Dia da Assunção", quando levaram a imagem de Nossa Senhora da Assunção para Reritiba.

Conto-te estas coisas para que conheças mais a terra em que vivo atualmente. Uma terra cheia de aventuras e novos acontecimentos. Um recanto do Brasil que se tornou o meu favorito pela beleza de suas ilhas e de seus mares. Aliás, quando posso conto estas histórias do padre José para quantos me ouvem e vou passando as lições de fé que aprendi com ele.

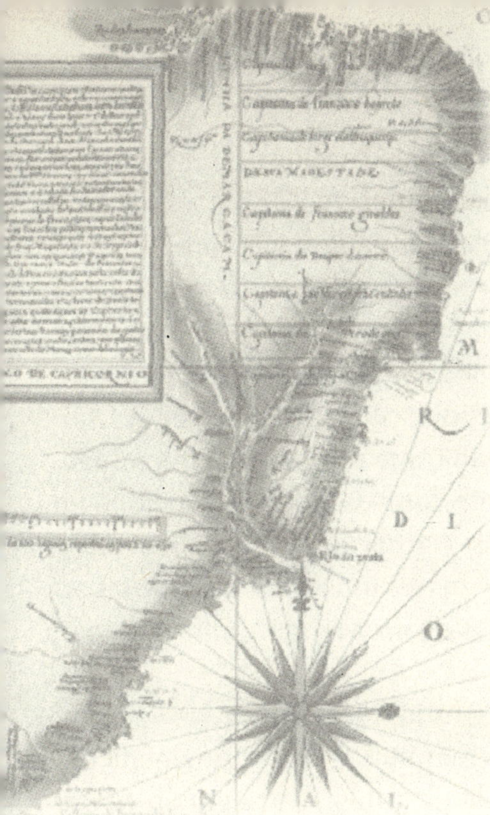

21

Quando o padre José estava com cinquenta e três anos de idade, foi para Reritiba, em 1587. Esses anos que ele passou nessa aldeia foram os mais ricos em produção literária e fenomênica, pois que escreveu vários autos e obrou coisas maravilhosas a partir de suas virtudes e poderes espirituais.

Certa vez, nessa aldeia, padre José caminhava descalço, como costumava fazer, e muitas vezes por caminhos bastante ásperos, geralmente em companhia do padre Jeronymo Soares, e inspirado, disse:

– Padre Soares, alguns desejam morrer no leito de um de nossos colégios, para maior ânimo e auxiliados pelos irmãos; porém eu te digo que não há gênero de morte melhor que deixar a vida por estes montes e por estas lagoas, numa dessas peregrinações de socorrer o próximo.

Era essa a sua disposição de servir o próximo, de estar junto ao próximo, até o fim.

De Reritiba escreveu muitas cartas para Roma e muitas para os outros colégios do Brasil e eu mesmo tive a oportunidade de levar muitas de suas missivas. Ele aproveitava sua capacidade de escrever para criar canções e peças teatrais para serem lidas ou cantadas, principalmente pelas crianças.

Todos os dias, pela manhã, logo após a doutrinação dos índios, cantavam Ave-Marias e depois iam para o trabalho. Entre as Ave-Marias e a missa, costumavam reunir-se os meninos e meninas na igreja ou do lado de fora da porta, repartidos em coros, e cantavam em português, o rosário:

Meninos: "Bendito e louvado seja o santíssimo nome de Jesus."

Meninas: "E da Santíssima Virgem Maria, *Madre sua*, para sempre. *Amen*."

E, no fim das dez, diziam: "*Gloria, Patri, Amen*."

Dessa maneira entoavam os meninos e prosseguiam até cinquenta, parecendo uma alvorada de anjos. Em seguida, as orações e parte do *Diálogo da Fé*, com os artigos de fé, que o padre José havia escrito em língua indígena para a doutrinação deles. Aí sim, os meninos eram recolhidos para a escola onde uns ficavam a ler, outros a cantar, outros no órgão, outros a tocar flautas e charamelas, para ajudar nas missas dos dias de festa.

Às cinco da tarde dobrava o sino, chamando todos da aldeia para a doutrinação e leitura do *Diálogo da Fé*, que ensina os sacramentos. Depois os meninos iam até à cruz, no meio do pátio, em procissão. Os padres tinham muitas ocupações, de acordo com o que pude observar em Reritiba. Batizavam as crianças, tratavam os índios de suas doenças, catequizavam os adultos para o batismo, administravam a santa unção, enterravam os gentios em tumbas, à moda cristã. Cuidavam para que os dias de festa fossem sempre aproveitados para grandes ensinamentos doutrinários, com aproveitamento para os portugueses e seus filhos.

Os índios das aldeias providenciavam a própria lavoura, abasteciam-se de mantimentos, das colheitas e das compras, da caça, da pescaria e criações. As mulheres, quando iam à igreja, vestiam-se muito bem compostas, com um hábito bem feito, largo e comprido até os pés. Os cabelos, que são compridos, mostram fitas. Os homens andam com as vestes que podem, mas durante as missas e festas se vestem como os portugueses, muitas vezes como soldados bem pagos, chapéus forrados de seda, sapatos, meias e mangas de cores, e vestidos de pano do reino, que ganham ou barganham com os produtos de seu trabalho.

Ao todo, o padre José esteve na aldeia de Reritiba por uns quatro anos, foi à Bahia e depois recolheu-se novamente à aldeia e permaneceu ali por mais dois anos, até novas ordens.

Enquanto isso, as coisas iam acontecendo. Contou-me o padre João Fernandes Gato que o padre José lia o pensamento dos outros e sabia das intenções ocultas. Quis um dia confessar-se com o padre José, que lhe disse:

– Vai dizer missa, que tu não tens necessidade de absolvição do que pretende confessar-me.

Retrucou e o padre José, então, disse-lhe claramente do que se tratava e por que não precisava confessar-se. Era leitura do pensamento, o padre José lia o pensamento e acerca disso já contei outros fatos.

Mas João Gato tinha mais uns casos para contar. Disse ele que, certa vez, estava em andanças com o padre José, em missão pelas fazendas, quando de repente antes de concluir o que haviam de fazer, ele disse:

– Caro padre João, vamos à vila, porque lá estão precisando de nós com urgência, trata-se do irmão Antônio.

Partiram sem mais demora e, ao chegarem, o irmão Antônio, vendo o padre José, lançou-se aos seus pés, dizendo:

– Ah, meu padre José, Deus trouxe Vossa Reverendíssima a esta casa. Sabei que, se não viésseis, talvez eu fizesse algo impensado e minha alma estaria perdida.

Quando soubemos do caso, verificamos que realmente era gravíssimo e colocava em perigo a perseverança do irmão. Como vês, o padre José possuía o dom de ver à distância o que se passava, procurando logo tomar providências para amenizar o sofrimento alheio.

Continuando a ouvir o padre João, contava-me ele que, de outra feita, acompanhou o padre José a determinada aldeia do Espírito Santo, pois sua ideia era permanecer ali por algum tempo, para tratar as enfermidades dos gentios. Assim que chegaram, conversa vai, conversa vem, deu dez horas. Padre José, imediatamente, mudou de ideia, não queria mais permanecer ali e disse:

– É necessário irmos a outro lugar, mudemos nosso itinerário e vamos para a aldeia adiante, a toda pressa, que assim é preciso.

Depois de chegarem à dita aldeia, viram que certos homens estavam perturbando os índios, usando a força das armas. Contudo, ao verem o padre José, fugiram imediatamente, porque sabiam dos poderes de sua alma.

Muitas vezes a alma do padre José parecia sair do corpo e viajar em longos desdobramentos, participando de situações e anunciando as ocorrências que viriam para o bem ou para o mal, precavendo todos.

O caso Manuel de Gaia foi muito característico para demonstrar que distâncias a alma do padre José percorria em seus desdobramentos. Ainda no Espírito Santo, andava o padre visitando as aldeias e fazendas, e chegou até a fazenda do Manuel de Gaia, que ficava num lugar chamado Ponta da Fruta, entre a vila do Espírito Santo e Guaraparim, depois da barra do rio Jucu.

Manuel de Gaia estava ausente há muito tempo, em viagem pela Europa, e sua mulher estava muito triste. Sua mãe aconselhou-a a confessar-se com o padre José e que prestasse muita atenção no que ele haveria de dizer. Assim se fez. Depois da confissão, padre José perguntou-lhe se tinha notícias de Manuel. Ela, então, triste ainda, respondeu-lhe:

– Não tenho boas notícias, pois chegaram informações de que ele fora atacado por corsários e havia sido morto.

O padre José respondeu-lhe, simplesmente:

– Não se agaste, ele está vivo. Aconteceu que ele foi preso e levado a Rochelle, mas, fugindo, conseguiu chegar à casa de um de seus irmãos, muito doente. Permaneceu ali uns tempos, depois não quis vir diretamente à capitania do Espírito Santo, mas passar por outros lugares para conseguir remédios, mesmo tendo sido roubado.

Segundo a mulher de Gaia tudo ocorreu como o padre havia visto com sua visão espiritual. Mas ela tinha mais um caso para contar. Seu marido empreendera outra viagem. Foi negociar em Angola e, voltando pela capitania de Ilhéus, correu fama de que ele havia sido aprisionado e comido pelos nativos revoltados. Mas padre José lhe disse:

– Não. Ele está vivo e no dia de Ano Bom, depois do jantar, ele há de chegar.

Assim aconteceu.

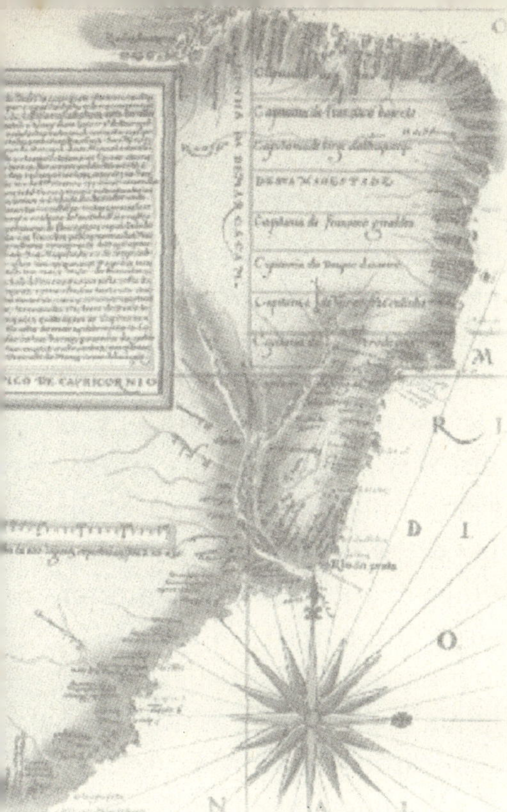

22

Após ter ido à Bahia para participar da congregação provincial, em 1592, o padre José recolheu-se novamente em Reritiba. Por essa ocasião, o padre Diogo Fernandes havia conduzido alguns novos grupos de índios para a aldeia. Num desses grupos, havia um rapaz índio, aleijado de nascimento, que não podia dar um passo sem ter de se utilizar dos pés e das mãos. Por causa disso ele era conhecido por Suaçu, que quer dizer veado.

Assim que o padre Diogo chegou, o padre José deu-lhe as boas-vindas e falou em tupi aos índios, notando, porém, que um deles permanecia sentado.

– Por que estás sentado? – perguntou ao índio.

Todos riram, dizendo:

– Ele é aleijado.

O padre José, em seu espírito de caridade, condoendo-se de Suaçu, ainda mais porque havia percorrido muitas léguas para chegar até a aldeia, disse-lhe:

– Anda em pé e direito, que Deus te quer para o céu como um homem e não como um bruto. Vem aqui.

O índio achegou-se e o padre deu-lhe o seu bordão. Suaçu logo andou, primeiro usando o bordão, tempos depois andava normalmente. E todos testemunharam isso. O magnetismo da força do olhar do padre José foi de grande autoridade, sua ordem atingiu a alma de Suaçu. Ele podia curar à distância, pela prece ou impondo suas mãos sobre o enfermo.

Na aldeia de Nossa Senhora da Conceição morava o padre Jeronymo Rodrigues, muito amigo do padre José. Por certa ocasião, auxiliava um índio chamado José, que estava para morrer, muito enfraquecido, magro, desfalecido; entrou em coma e foi dado como morto. Toda a aldeia o pranteou. Mas o padre Jeronymo, ao apalpá-lo, sentiu nele alguma quentura. Após ministrar-lhe os sacramentos, escreveu uma carta ao padre José sobre o que estava ocorrendo. Padre José respondeu imediatamente:

– Caro padre Jeronymo, não se preocupe, encomendei José a Deus. Ele não morreu e nem há de morrer desta vez.

Aconteceu isso. O índio José não morreu daquela doença e viveu muitos anos. Mas fora dado como morto por vários dias, era uma morte aparente, aliviada pelas preces do padre José, que estava em outra cidade.

Em Reritiba, o padre José era conhecido como "o homem braço de Deus". Aconteceu que os índios queriam colocar uma canoa muito pesada e de grande tamanho no mar. Após muito esforço, pediram ajuda ao padre José, pois sabiam dos poderes espirituais do padre. José mandou que os índios empurrassem a canoa com os ombros e ele a empurraria com a mão. A canoa deslizou e foi ao mar, sem cansaço para ninguém. Os índios clamaram em altos brados, dizendo:

– É o braço de Deus, o padre é o braço de Deus.

Fato idêntico já te contei, aquele do Rio, perto da aldeia São Barnabé, logo depois da 'pescaria milagrosa'.

Desde que se aproximou da capitania do Espírito Santo, em 1587, o padre José sempre deu preferência a morar em Reritiba, e viver com os índios a quem amava muito. Já havia pelo menos uns seis anos que, entre idas e vindas, recebera a carta do provincial Marçal Beliarte, para que fosse superior na casa do Espírito Santo e suas residências.

A capitania era fértil e produtiva, os índios cooperavam e assimilavam bem os ensinamentos e eram muitos, aos milhares, que estavam reunidos em pelo menos quatro aldeias: Reritiba, Guaraparim, São João e Reis Magos.

Em Vitória, como superior, padre José estendeu sua influência espiritual sobre todos, tanto os índios quanto os portugueses. Suas revelações, suas profecias, suas curas foram muitas na capitania. Suas pregações sensibilizavam muitos dos seus ouvintes. Em 1589, bem antes de ser superior em Vitória, consolou o segundo donatário da capitania, Vasco Fernandes Coutinho Filho, em seus últimos momentos na Terra. A viúva, Luiza Grimaldi das Chagas, assumiu o governo, assessorada pelo capitão-mor Miguel de Azeredo. Ela, sabendo que padre José era dotado de grande inspiração divina, sempre o consultou nas horas decisivas.

Prevendo lutas futuras, por invasão de inimigos e corsários, padre José estimulou a construção dos fortins de São Miguel e de São Marcos, entre os anos 1591 e 1592. Logo depois, em agosto de 1592, a capitania foi atacada por Cavendish que, com a ajuda dos fortins, foi rechaçado.

Preciso de explicar-te bem o que verdadeiramente era a capitania do Espírito Santo. Talvez assim, tu, caro Theóphilo, entendas melhor por que o padre José dava muita importância a ela. Sabemos, é claro, que gostava dos índios que aqui se estabeleceram, pois não estavam contaminados pela sanha dos franceses nem dos tamoios, mas também é verdade que era o meio do caminho entre a Bahia e São Vicente, como Éfeso era para Paulo, meio caminho entre Jerusalém e Roma.

No ano de 1532, el-rei d. João III dividiu o Brasil em capitanias hereditárias e para a décima primeira dessas capitanias designou o donatário Vasco Fernandes Coutinho, filho de Jorge Mello, o Lágio, e de d. Branca Coutinho. Vasco havia sido velejador com Afonso de Albuquerque nas viagens para o Oriente, no desejo de estender o domínio português aos confins do mundo, quase que uma repetição das grandes viagens dos antigos fenícios. Aliás, parece até que estão em Portugal os intrépidos navegantes fenícios, agora alcançando lugares ainda não explorados. Vasco Coutinho havia sido também capitão de navio e alcaide-mor de Ormuz, havendo retornado à Europa em 1522 e estabelecendo-se em sua propriedade, o solar Alenquer. Recebia soldos de fidalgo e rendimentos de moradia, além dos prêmios por sua participação nas campanhas da Índia.

Coutinho chegou às terras da capitania do Espírito Santo no dia 23 de maio de 1523. Desembarcou e foi logo tomando providências para tornar a capitania financeiramente viável. Dividiu os terrenos, criou a vila do Espírito Santo e procurou povoar a ilha de Duarte Lemos, mais tarde vila de Nossa Senhora da Vitória. Providenciou fortificações, construiu quatro engenhos de açúcar, de onde logo veio a grande prosperidade da capitania. Demarcou para a sua família uma fazenda, perto do monte Moreno, num lugar que foi chamado mais tarde de sítio Ribeiro, pois há ali um ribeiro entre o monte Moreno e o monte da ermida da Penha. Como sua fazenda era próxima à praia da costa, ficou mesmo conhecida como a fazenda da Costa.

Houve ali muitas batalhas com os índios. Os portugueses sempre conseguiam vencer e aprisionavam os índios, fazendo-os escravos ou expulsando-os. Logo depois houve uma campanha para a conquista das outras ilhas do arquipélago e total domínio da baía e do canal que contornava a ilha de Duarte Lemos. Vasco

Coutinho governou até o ano de 1560, sendo que algumas vezes teve que ir à Europa para cuidar de seus negócios. Já doente e aleijado, quando voltou pela última vez à capitania, renunciou ao cargo de capitão-mor em favor de el-rei d. Sebastião, ainda no ano de 1560. No dia 3 de agosto desse mesmo ano, sua renúncia foi aceita pelo ouvidor da capitania que, a pedido do povo, nomeou Belquior de Azeredo para o cargo. Coutinho faleceu um ano depois na sua fazenda e ali mesmo foi sepultado.

Azeredo deveria governar até a chegada de Vasco Fernandes Coutinho Filho, que assumiu a capitania em fins de 1563. Ele era casado com d. Luiza Grimaldi das Chagas, senhora nobre, descendente dos Grimaldi, de Niza, Itália, filha de Pedro Álvares Correia e de Catarina Grimaldi. Os Grimaldi são da nobreza de Gênova. A vinda de Coutinho Filho fez com que a capitania prosperasse novamente. Em 1588, Coutinho Filho, que já morava na vila de Vitória, mais resguardada dos ataques dos índios, fez o seu testamento. Doente, faleceu no ano seguinte, em sua fazenda da Costa, sob as preces do padre José, que estava na capitania.

Luiza Grimaldi assumiu o governo da capitania, sendo metódica e previdente, e alguns fatos importantes se deram durante o seu governo: a chegada dos primeiros franciscanos na capitania; o ataque do corsário Cavendisch; a visita do padre Marçal Beliarte, novo provincial jesuíta; a chegada dos beneditinos e do prelado-mor Bartolomeu Simões Pereira. A presença do provincial Beliarte à capitania foi homenageada com a peça "Recebimento que fizeram os índios de Guaraparim ao padre provincial Marçal Beliarte", de autoria do padre José.

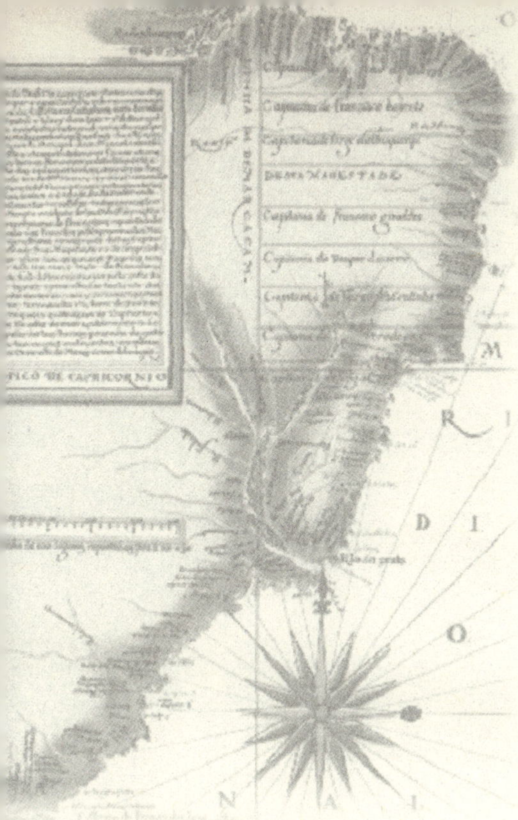

23

Foi belíssima a festa de recebimento do provincial Marçal Beliarte. De Vitória e da vila Velha seguiram para Guaraparim muitos moradores. Os da minha casa também. Assistimos a toda a festa. Foi o primeiro auto bilingue português-tupi do padre José, inteiramente dedicado ao padre Marçal Beliarte, em 1589.

A apresentação foi iniciada logo no porto de Guaraparim, seguiu rumo à igreja Nossa Senhora da Conceição, no alto do morro, e terminou no grande terreiro diante da igreja. Os personagens eram: Índio, Primeiro Diabo, Segundo Diabo, Anjo e meninos.

No porto, o padre Marçal foi recebido com um discurso de agradecimento pela visita e de boas-vindas à aldeia. Na igreja, os dois diabos mostram que os habitantes da aldeia são seus adeptos, o que tornava inútil a visita do padre provincial. Um anjo promete guardar o local, expulsa os diabos e um índio quebra-lhes a cabeça. Vem a dança de dez meninos índios. A peça foi feita em três atos. Primeiro, recepção de um índio ao provincial que estava ali em missão para mostrar os caminhos do Reino de Deus, sendo a aldeia a morada de Nossa Senhora da Conceição, como dizia a letra:

Esta nossa aldeia,
De Guaraparim chamada,
É deleitosa morada
Da Senhora Galileia
Que por sua a tem tomada,

Para nela ser amada,
Com inteira devoção
E de todo coração;
Ser de todo venerada
Sua limpa Conceição.

Depois, um diabo fala contra os brancos e o outro contra os índios. O anjo da aldeia age em nome de Deus, discute com os diabos e expulsa-os. Um diabo retorna, mas é expulso por um índio. Todos seguem, então, para a igreja.

Na terceira parte, há uma dança de dez meninos no pátio defronte da igreja, abjurando os costumes antigos. Nos versos, o padre satiriza e ridiculariza os vícios e os antigos hábitos indígenas, identifica a presença de maus espíritos (anhangás) dos índios com os 'demônios' do inferno cristão, conforme os dogmas da igreja. O índio que quebra a cabeça do diabo se chama arcanjo Miguel.

Nesse mesmo ano de 1589, outra peça foi representada em Guaraparim, sempre em dias de festa. O padre José havia escrito o *Auto da aldeia de Guaraparim para a inauguração solene da igreja de Nossa Senhora da Assunção* em 1585. Foi belíssimo. Os personagens eram: Anhaguçu (diabo 1), Tatapitera-Arongatu (diabo 2), Canguaçu (diabo 3), Mouropiara-Mboiuçu-Anhangobi (diabo 4), Alma e Anjo. A peça fala ainda de Jesus, Maria e vítimas. Trata do comportamento dos casais, adoção de muitos nomes e caminhos geográficos. Foi todo escrito em tupi, dizendo que os diabos planejam dominar a aldeia quando avistam uma alma que acabava de se libertar do corpo e acusam-na dos pecados cometidos. A Alma contesta e evoca Maria Santíssima. Um anjo vem em socorro da Alma, expulsa os demônios e protege a aldeia.

Assistimos também à apresentação do *Auto da vila de Vitória* ou *Auto de São Maurício*, no pátio da igreja de Santiago, em Vitória. Foi escrito em português e castelhano, um dos mais longos, com 1.674 versos. A festa foi no dia 22 de setembro de 1595. Os personagens da peça são: Lúcifer, Satanás, Ingratidão, Embaixador do Rio da Prata, Victor (companheiro de São Maurício), Temor e Amor de Deus e dois companheiros de São Maurício. A vila de Vitória chora porque se encontra dominada pelas forças do mal e um embaixador do rio da Prata ameaça retirar da vila as relíquias de São Maurício.

No primeiro ato, há uma discussão entre Lúcifer e Satanás, antes de tentarem São Maurício. Eles discutem e lutam. São vencidos pelo santo.

Lúcifer desafia Satanás:

Tais façanhas
Farás tu nas Alemanhas
Que em tuas mentiras crêem,
Nas Franças e nas Espanhas;
Mas, no Brasil, tuas manhas
Muito pouco medra têm.

Satanás retruca:

Yo de nuevo te requiero:
No confies tanto em ti,
Que Maurício es muy guerrero.
No queden por moradero,
Si los combates sin mi.

Flor da Serra guardou de cabeça todos os versos, pois ela ajudou muito para que os curumins os decorassem. No Segundo Ato, a vila de Vitória chora a ingratidão de seu povo e o governo aconselha obediência a Deus. A Ingratidão declara-se senhora da vila e é aí que o Embaixador ameaça retirar as relíquias da vila. Os companheiros de São Maurício conseguem expulsar a Ingratidão e o Temor e o Amor a Deus entram na cidade, fazendo sermões e evangelizando:

Vila de Vitória:

No sabe al que dolerse entrestecido,
Mi corazón lloroso y congojado,
Viendo de todo perderse en pecado,
Mi pueblo, de muchos vícios ye vencido.

Governo:

Suspiros estranháveis e gemidos,
Que são sinais mui certos de tristeza;
Combateram gravemente meus ouvidos,
E pedem minha ajuda com presteza.

Suspeito (e com razão) que está torvada
E gente desta terra minha amiga,
E que terá perdida a paz antiga,
Por não querer de Deus ser governada.

Vitória:

Llorad, sin descansar mis tristes ojos,
Mi pensa, mi dolor, mi desventura!
Porque esta es la más breve y cierta cura,
Para dar refrigerio a mi enojos.

No Terceiro Ato, em procissão final, o povo carrega as relíquias de São Maurício, após a vitória do santo:

Maurício:

Este é, irmãos amados,
O fim em que vão parar
Aqueles que, por guardar
De nosso Deus os mandados,
Se deixam martirizar.

As festas eram muitas e o padre José, por essa época, pôs-se a escrever muito, catequizando os silvícolas, combatendo os vícios e os maus costumes.

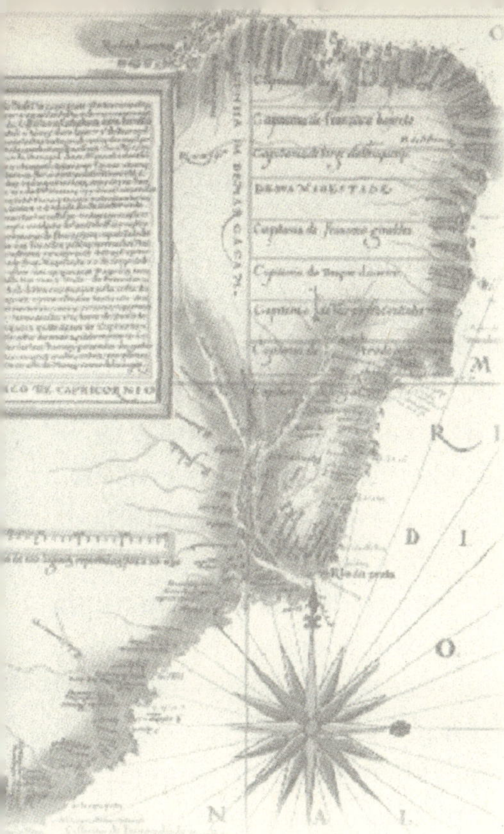

24

Por época do ataque de Tomas Cavendisch, Miguel de Azeredo, sobrinho de Belquior de Azeredo e adjunto da governadora Luiza Grimaldi, solicitou a ajuda dos homens sadios e de Japi-Açu, o cacique dos goitacazes. O ataque noturno foi evitado com fogueiras nos morros e pelos dois fortins de taipa e pedras soltas, ocultos pela vegetação no estreito da baía, um junto à pedra grande do Penedo e o outro no morro da Vigia, que haviam sido construídos por orientação preventiva do padre José.

D. Luiza Grimaldi havia pleiteado a posse da capitania, mas prevaleceu o testamento que seu marido havia deixado em Portugal, em favor de seu sobrinho Francisco de Aguiar Coutinho. Desgostosa, ela retirou-se para o Portugal em 1593, recolhendo--se ao convento dominicano do Paraíso, em Évora.

Miguel de Azeredo era casado com Luiza Correia, irmã de Luiza Grimaldi, nascida do segundo casamento de Pedro Álvares Correia. Miguel ficou governando a capitania, como capitão-mor, esperando a chegada de Francisco Coutinho.

Acontece que, por esse tempo, o padre José estava em missão fora da capitania. Em 1592 foi tomar parte na congregação provincial, na Bahia, depois foi designado visitador das casas do sul, permanecendo no Rio por quase dois anos. Foi a São Vicente e sua chegada foi uma das maiores festas que o povo dali já tinha feito. Voltou ao Rio, visitou as aldeias e assistiu à construção da fortaleza de Santa Cruz, em 1594, na entrada da Guanabara.

Voltou ao Espírito Santo em setembro de 1594. Havia muita perturbação na capitania, portugueses e jesuítas disputavam a causa dos índios, aqueles querendo escravizá-los e estes, salvá-los. Em dezembro, o padre José foi nomeado superior em Vitória. Com essa nomeação, o provincial Pero Rodrigues queria pôr fim àquele estado de coisas na capitania e nada melhor que os conselhos do padre José, que permaneceu no cargo por um ano e depois, livre do cargo, foi para Reritiba.

Nesses anos de 1594 e 1595, a capitania do Espírito Santo sofreu muito, com pelo menos três grandes problemas: a hostilidade dos goitacazes, uma epidemia e uma terrível seca. Mas muito me apraz contar-te as ocorrências santas vindas da alma do padre José que se deram aqui na capitania do Espírito Santo, pois pude colher bastantes dados e testemunhos, ora do próprio padre José, ora de seus apadrinhados. Não pretendo fazer o elogio simples do meu amigo, mas sensibilizar-te, mostrando que as chaves do Reino dos Céus estão disponíveis, não nas bulas e sacramentos, mas na fé, na esperança e na caridade. A profissão de fé só não basta, senão todos já teriam sido santificados, por apenas crerem. Acontece que, como disse o apóstolo Tiago em sua Epístola Universal:

"Tu crês que há um só Deus; fazes bem. Também os Espíritos maus o crêem e estremecem."

As obras do padre José falam por sua fé, por mais que ele as dissimule. É como ele me disse certa vez:

– Matias, meu amigo, ficas admirado com os feitos que o povo te conta, dizendo que fui eu quem os fez? Lembras-te do evangelho de Jesus e de suas promessas santas? Ele disse: "Se tiverdes fé como um grão de mostarda direis a este monte: Passa daqui para acolá e ele há de passar; e nada vos será impossível." Isso está em Mateus capítulo 17, versículo 20. Mas eu te digo, meu caro, para aquele que está com Deus e vê a luz das verdades de seu filho Jesus, não há obstáculos materiais intransponíveis.

É mais por causa dessas luzes espirituais que o padre José conseguiu passar aos seus discípulos que, como eu, beberam daquela fonte inesgotável de bondade e de sabedoria.

Estando em Vitória como superior, o padre José por diversas vezes fez revelações, profecias e curas prodigiosas, além de outros fenômenos menores. Certo dia, mandou que um sacerdote fosse ouvir, em confissão, uma mulher que se dizia enferma e pedira que esse sacerdote a fosse atender em particular. Era tudo engodo. Ela queria aproveitar-se do religioso, em segundas intenções, com propostas de luxúria. O sacerdote conseguiu se desvencilhar com sabedoria e, meio confuso, voltou para casa. Encontrou o padre José na sacristia. Voltou-se para o sacerdote e disse:

– Roguei por ti, para que não faltasses na fé que deves à religião.

O sacerdote ficou admirado, pois veio direto para casa e não havia falado nada a ninguém e nem havia testemunha do fato. Porém, quinze dias depois, a mulher, arrependida, veio pedir a um padre para se confessar. O padre José estava ali junto ao mesmo padre confessor que a atendera antes e, recebendo o recado do porteiro, disse ao colega:

– Assim que acabares as tuas orações, vai tomar a confissão dessa mulher penitente.

– Estais sabendo para onde me enviais? – disse o padre sobressaltado.

– Sei. Vai remediar essa alma porque se não se descobrir a ti, não há de se revelar a outrem e, da tua parte, não há inconveniente nenhum.

O sacerdote foi e aliviou a pecadora, que era mais digna de ajuda que de condenação.

Soube de muita coisa no Espírito Santo pois, nestes últimos anos, minha idade não permite mais que enfrente os mares bravios de cá e, então, permaneço residente na ilha da Vitória. Daqui recebo muitas notícias que vêm do sertão, das aldeias, do Rio, da Bahia, de São Vicente, a cada navio que chega.

Interferindo nas questiúnculas materiais, o padre José tirava a ansiedade dos fiéis com sua visão transcendente. Aconteceu que uma mulher, vizinha dos padres na vila do Espírito Santo, que agora chamam de vila Velha, estava angustiada porque um certo senhor chamado Gaspar Carvalho lhe devia uma quantia em dinheiro e, ao requerer tal soma em audiência, não achava o recibo. Depois de muito procurar, buscou o padre José para que, por meio de seu anjo da guarda, lhe indicasse o paradeiro do documento. O padre José, na mesma hora, disse-lhe:

– Procura entre as bordas de um dos teus mantos.

O recibo foi achado.

De outra feita, Catarina Gomes, moradora da vila de Vitória, estava em trabalho de parto há três dias, com muitas dores e correndo perigo de morte. O seu pai, Luiz Gomes, procurou o padre José. Era costume recorrer ao padre nas horas difíceis, tal a sua fama de homem de Deus. Padre José, de um modo profético, disse-lhe:

– Vai embora, pois quando entrares na porta ela já terá parido, tudo há de ser como Deus quer; o maior problema está adiante, porque tua filha há de ter três partos seguidos muito piores, mas os que se seguirem serão bem afortunados.

Luiz Gomes encontrou sua filha já de parto feito e nos três partos seguintes houve natimortos, dores e perigos, mas os demais foram fáceis e tranquilos. Foi uma profecia legítima, não só pelo acerto das palavras ditas, mas é como se o padre José soubesse da programação de Deus para aquela mulher e, com certeza, a causa desses sofrimentos.

Mas tenho um outro caso de muita fama e importância para te contar. Foi o caso dos infortúnios do padre Manuel Quintal. Esse religioso havia chegado a Reritiba e o padre José foi recebê-lo. Abraçou-o e disse-lhe:

– Ah! Manuel, quantos trabalhos e problemas te esperam pelo resto de tua vida.

O padre Manuel ficou um tanto perturbado, sem atinar com as causas que o deixariam desafortunado, pois não lembrava de atos ou falhas suas que pudessem justificar tal profecia. Mas sabia da fama do padre José e que ele não falava sem fundamento. Depois de algum tempo ele, por causa que desconheço, foi despedido da Companhia de Jesus e padeceu muitos problemas.

Acho que não existem livros grandes o suficiente para abrigarem todos os feitos do padre José. São muitos e trazem aprendizados divinos e exemplos magníficos para a alma. Coisa extraordinária ocorreu na vila de Vitória. Uma mulher estava morrendo há oito dias. A causa deveria ser um espasmo que a tolhia de falar e apertava-lhe a garganta. O caso dela foi levado ao conhecimento do padre José, que logo percebeu que aquele mal era de uma natureza diferente. Chamou um padre e disse-lhe:

– Vai àquela coitada e dize-lhe em segredo que eu, não podendo ir lá, ordeno-lhe que confesse logo o grande pecado que guarda em seu coração, pois quando moça praticou atos indevidos e, por trinta anos, ainda não se confessou, por vergonha. Se fizer isso logo, ficará curada.

Cumprida a missão, ela logo se aprumou, ficou curada de repente, tão logo se sentiu aliviada de suas culpas, cujos pensamentos depressivos mantinham espíritos maus a perturbá-la.

Ao se aliviar pedindo perdão a Deus, esses espíritos se afastaram, pois sua mente se acalmou, enriquecida pela fé.

Quanto poder tinha o padre José devido à sua fé em Deus, Jesus e Maria. Toda a minha vida junto ao padre sempre achei que havia uma nuvem de emissários divinos acompanhando-o e atendendo suas necessidades de fazer a caridade. Na verdade, seu batismo verdadeiro não foi o banho de água como o que João Batista fazia, mas foi com o *fogo da verdade* e com *o espírito de santidade,* quando obteve a visão espiritual que tudo percebe e sabe do oculto no coração dos homens.

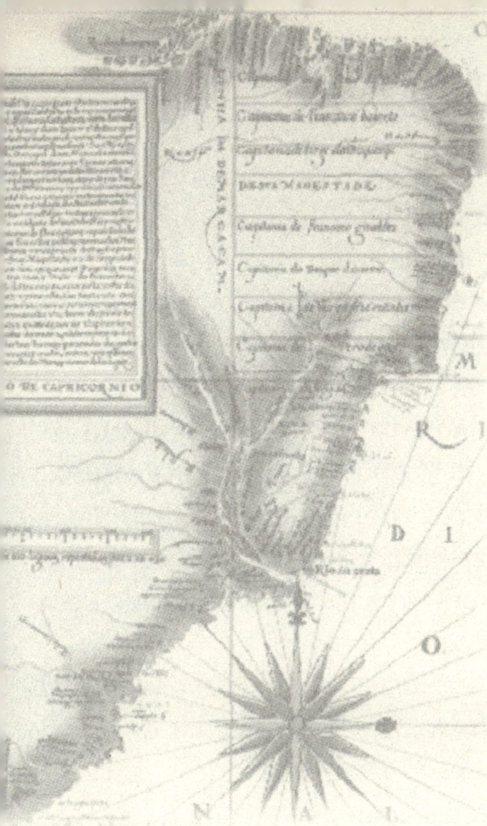

25

Em 1594 a capitania do Espírito Santo procurava obter auxílio das capitanias do Rio de Janeiro e de São Vicente para uma ação punitiva contra os índios goitacazes, ferozes habitantes dos campos e lagoas que ficam a meio caminho da cidade de São Sebastião do Rio de Janeiro. Aqueles índios colocavam em risco a segurança da capitania do Espírito Santo. Em meados do ano de 1595, foi providenciada uma expedição militar por mar, até à foz do rio Paraíba. Padre José foi com essa expedição e deixou lá um padre jesuíta, para assistência religiosa aos combatentes.

Evidentemente que fui convocado para participar da expedição, principalmente por causa dos meus negócios, que também corriam perigo, e pelas naus que seriam de muita ajuda. A situação era tensa; não pude deixar de comandar os meus homens e marinheiros. Baixamos âncora próximo à foz do grande rio Paraíba. O caminho de rastreio aos índios seria por terra e com muito perigo, pois eles eram exímios arqueiros e escondiam-se nas árvores e lagoas.

Os goitacazes eram índios ferozes e um tanto desumanos. Agigantados, de grande força, destros nos arcos, inimigos de todos. Faziam grandes montes de ossos em seus terreiros. Ossos de seus inimigos mortos e depois devorados. Assombravam aquela região e faziam incursões pelo Espírito Santo e outras plagas.

Conseguimos delimitar a área que ocupavam, não era grande, basicamente dentro dos termos do rio Paraíba e ao sul de Macaé: altura 21 graus e meio de Cabo Frio e Espírito Santo. O lugar era horrível e inexpugnável, porque em vez de montes comuns aos demais tapuias, quais jacarés, viviam nas águas das grandes lagoas que abundavam em seus campos, chamados por isso campos dos Goitacazes.

Aqueles indígenas viviam em choças de palha fundadas cada uma sobre um esteio de pau enfiado na areia, cercadas de matas espessas, rios e charcos inacessíveis. Dali, sorrateiros, saíam e espreitavam os caminhos e as praias, matando e comendo, tanto animais quanto homens que lhes caíam na cilada. Era praticamente impossível combater com eles, visto que, quando se viam em perigo, fugiam para as lagoas e para suas ocas camufladas pelo matagal.

Juntamos nossas forças na foz do rio Paraíba. Entre os portugueses estavam nobres e valorosos homens, como João Soares, Antônio Cubas e Baltazar Horta, de São Vicente; do Espírito Santo encontravam-se Antônio Pacheco Calheiros, Francisco Álvares da Fonseca e Diogo de Carvalho. Eu estava sob a bandeira do capitão-mor Miguel de Azeredo e acompanhava-me sempre de perto meu valoroso amigo Marcos Esteves, que veio comandando uma de minhas naus.

Sem saber se voltaríamos, procuramos a viúva d. Romana de Torres, mui bela e séria mulher, valorosa na fé e nos negócios, possuidora de um próspero engenho nas proximidades do engenho de Miguel de Azeredo, num lugar ao sul de vila de Vitória, chamado Itaquari. Ela possuía uma filha, Lúcia, mocinha e cheia de vontades, mas que sabia muito bem o que queria da vida e se dedicava à criação de animais, tendo a seu serviço índias, mestiços e escravos negros, os quais comandava com mãos de ferro. Ela, por sua vez, era prometida em casamento ao jovem Marcos Esteves Filho, filho de Marcos Esteves, que já começava a interessar-se pelos negócios do pai, com relação à venda de artefatos e açúcar para a Europa.

Tratamos com a viúva Torres os destinos de nossos negócios e lhe confiamos nossos direitos e propriedades para que providenciasse o que fosse necessário, em caso de nossas mortes na guerra. Entregamos-lhe os nossos testamentos, sabendo que era pessoa honesta e consciente do que deveria fazer e que nunca iria tripudiar sobre os mortos.

O padre José estava apenas acompanhando a expedição até o encontro do rio Paraíba com o mar. Outros moradores do Espírito Santo também aderiram, diante do perigo dos ataques dos goitacazes às vilas do Espírito Santo. O padre José partiu com a primeira nau que retornou ao Espírito Santo. A guerra apenas começava e haveria ainda muitas batalhas violentas e ferozes.

Entre os portugueses estava conosco, na bandeira de Miguel de Azeredo, Antônio Jorge, morador do Espírito Santo. Aconteceu com eles um fato interessante, que soubemos depois. Sua mulher, sem notícias dele, estava preocupada. Padre José animou-a, dizendo-lhe que dentre em breve teria notícias dele, pois havia sido ferido por uma flecha no lado esquerdo do corpo e retirara-se das lutas para curar-se, mas que daí a oito dias ele estaria na vila Velha. A mulher foi esperar pelo marido no lugar previsto e achou-o.

Também aconteceu que a mulher de João Soares estava em prantos, pois vinham notícias de que seu marido estava morto. Sua casa era vizinha à dos padres jesuítas. Padre José, ouvindo o alarido, foi consolá-la e depois de suas costumeiras orações, quando parecia estar espiritualmente distante, disse-lhe:

– Filha, não chores à toa; abre a janela, pára o pranto, que teu marido não está morto, antes virá vitorioso com presa de muitos cativos para tua casa. Dentro de três dias terás certeza do que digo.

Assim de fato aconteceu.

Mas, meu caro Theóphilo, as batalhas sucediam-se e os horrores da guerra passavam sob nossos olhos. Havia hora em que não tínhamos mais certeza de que sairíamos das matas e das praias com vida. Flechas traiçoeiras e certeiras vinham do mato denso. Ouvíamos gritos próximos e nada podíamos fazer. Nas batalhas diretas o quadro era dantesco, índios ferozes, pintados de preto e camuflados quais pássaros das matas, por vezes, estavam rente a nós e não os percebíamos. As bordunas caíam sobre os nossos homens que morriam com os crânios partidos. Avançávamos devagar, os dias iam passando, as semanas e os meses.

Sem nenhum consolo ou promessas de êxito, certo dia caí em desconforto na beira do rio, meio sentado, meio deitado, encostei o meu rosto na água fria e deixei-o ali em pequena corredeira, tentando um alívio qualquer. Disse para mim mesmo: – Estou ficando velho e fraco. Foi aí que ouvi, nitidamente, a voz do padre José, não com os ouvidos, mas ela ressoava dentro de minha cabeça:

– Lembra-te, usa a segunda chave – *a esperança*.

Foi como um jato de luz, novas forças chegaram-me de regiões celestiais distantes, lembrei-me das pregações do padre José, quando ele citava a epístola de Paulo Apóstolo aos Efésios: "No demais, meus irmãos, fortalecei-vos no Senhor e na força de seu poder. Revesti-vos de toda a armadura de Deus, para que possais estar firmes contra as astutas ciladas do Diabo."

Não seriam aqueles índios os próprios diabos? A imagem de Flor da Serra surgiu-me na lembrança ao mesmo tempo em que ouvi gritaria próxima de novo ataque inesperado dos goitacazes. Levantei-me renovado, com novo vigor, saquei da espada e gritei aos meus homens:

– Por Jesus Cristo, José, Maria e São Tiago, lutemos sob a bandeira de nossa fé contra estes gentios infernais!

Os homens, ouvindo-me, gritaram:

– Lutemos pela bandeira do Cristo!

Foi uma batalha tremenda, feridos caíam e levantavam, outros morriam dos dois lados. No final, depois de grande cerco e aperto, vencemos e poucos foram os índios que voltaram à mata. Voltamos, levando os feridos ao arraial da foz, para nos refazermos e nos prepararmos para novas batalhas. Em mais hora nenhuma perdi a esperança. Parecia uma certeza de que voltaria a ver Flor da Serra. Era já o quinto mês de guerra com aqueles demônios pintados.

No dia 20 de junho de 1595, no mesmo dia em que estávamos cercados pelos índios, o padre José estava no púlpito da matriz de vila Velha, na igreja de Nossa Senhora do Rosário, num dia santo de Nossa Senhora, quando de repente, no meio do sermão, foi arrebatado em espírito, de modo divertido, como se estivesse tendo estranhas visões. Depois, voltando a si, disse a todos:

– Orem um Pai-Nosso e uma Ave-Maria por nossos irmãos que estão na guerra, que nesta hora estão cercados, com grande aperto, dos inimigos.

Depois que soube disso, verifiquei que o padre José realmente havia viajado em espírito, do púlpito às praias do Paraíba, para nos dar ânimo na batalha feroz que haveria de travar-se, ensanguentando as águas límpidas e piscosas daquele grande rio.

Dois meses depois, padre José, a 15 de agosto, anunciou o final da guerra, sendo vencedores os do Espírito Santo. De fato, a 27 de agosto terminou a guerra dos goitacazes, com a vitória dos colonos.

Voltei para Flor da Serra, apenas com alguns machucões, tendo usado bem a segunda chave do Reino: *a esperança.*

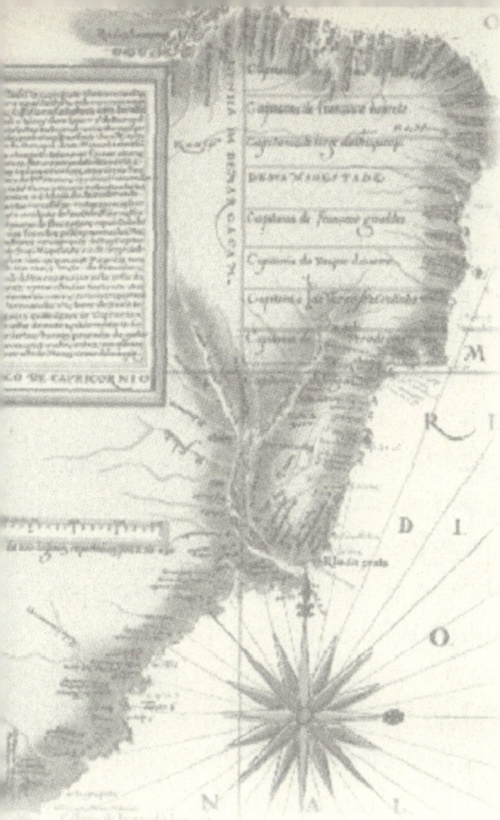

26

Quando o padre José estava em Reritiba, parecia que tudo era festa, todos ficavam alegres e quase sempre eu e meus familiares e agregados íamos para lá, principalmente nos dias de festa. Sabíamos que o padre José sempre preparava alguma peça de teatro, alguma apresentação interessante. Treinava os índios, crianças e moças para os recitais e as cantorias.

Ele estava na vila de Vitória como superior e sua saúde era precária, mal podendo andar. Foi desobrigado de suas funções e resolveu voltar para Reritiba. Partiu levado aos ombros por quatro índios, numa espécie de liteira, como era costume da época. Devia ser lá pelo final do ano de 1595 ou início de 96. Ia meio a contragosto, carregado, pois estava muito doente para andar. Os irmãos, com muita compaixão, pediram-me que providenciasse para ele esse recurso, pois que estava muito fraco. Feito, mas, quando saíram da vila, padre José cobrou ânimo, ergueu-se e pôs-se a andar. Para espanto de todos, caminhou de modo a deixar para trás os maiores e mais fortes corredores. Por essa razão os índios apelidaram-no de Caraibebé, isto é, homem de asas.

Em Reritiba, durante o ano de 1596, além da ajuda que pôde dar ao superior da casa, seu antigo discípulo de outros tempos em Piratininga, na catequese dos três mil nativos da aldeia, o padre José dedicou-se a escrever. Escreveu autos e cartas históricas sobre a vida dos jesuítas no Brasil.

O padre José já mantinha uma rotina toda sua, quando seus males começaram a aumentar. Caiu de cama. Nenhum remédio conseguiu efeito bom para levantá-lo. Todos acharam que sua morte estava para acontecer e alguns já choravam por antecipação. O padre Jeronymo Rodrigues cuidava de seus problemas e dava-lhe assistência. Algumas vezes eu mesmo ia lá para conversar e distraí-lo, contando minhas peripécias no mar. Um dia padre Jeronymo entrou em sua cela e viu-o com um pedaço de espelho na mão. Um pequeno estilhaço necessário para o reparo de uma imagem. Aproximou-se e o padre José-lhe disse:

– Caro padre Jeronymo:
Vi-me agora neste espelho
E comecei a dizer:
Corcós, toma bom conselho
E faze bom aparelho,
Porque cedo hás de morrer.
Mas ao juntamente ver
O beiço um pouco vermelho,
Disse: fraco estás e velho,
Mas pode ser que Deus quer
Que vivas para conselho.

Novas esperanças. Os irmãos Jeronymo e Diogo Fernandes e os outros, mais aliviados, sentiram que a morte não estava tão perto assim, pois confiavam que as palavras do padre José eram corretas. Mas a doença ia prosseguindo. Depois de algum tempo chegaram cartas dos superiores das igrejas do sul e uma delas para o superior da vila, ordenando que o padre José fosse o seu conselheiro e que nada fizesse sem o parecer dele. Escreveu, então, o superior para o padre José, dizendo-lhe que sabia de suas dores, mas que gostaria de tê-lo perto de si, para conselho. Viesse também para a vila de Vitória onde havia mais recursos de tratamento.

O padre José estava bastante enfraquecido e temia que não aguentasse as asperezas do caminho. Todos estavam preocupados e padre José resolveu não ir, para alívio geral. Contudo, passado o período de uma noite, resolveu e disse:

– Padre Jeronymo, estou determinado a ir para a vila, porque não quero deixar exemplo de pouca obediência aos moços e que se diga que, sendo eu desta idade, deixei exemplo ruim. Vossa Reverendíssima busqueis alguns mancebos que possam levar-me.

Jeronymo seguiu-o até Guaraparim e depois o padre José foi para Vitória. Na despedida olhou para os companheiros e os índios desconsolados, que pensavam nunca mais o ver, já chorosos, e disse-lhes:

– Ficai firmes e estejais contentes, que ainda hei de retornar a esta vila de Reritiba. Não hei de morrer desta vez.

Partiu para Vitória acompanhado do padre Manuel Dias. Nos ares da vila de Vitória começou a melhorar e a convalescer. Durante seis meses dirigiu a casa de São Tiago, até que chegou o superior indicado, o padre Pero Soares. Nesse meio tempo, junto com o padre João Fernandes Gato, evangelizou a escravaria dos engenhos e fazendas e visitou algumas aldeias.

Quase no final de 1596, em setembro, rezou missa para uns náufragos que se estabeleceram nas margens do rio Cricaré, ao norte da capitania do Espírito Santo. Isso aconteceu durante os festejos do Dia do Apóstolo Mateus, e, por isso mesmo, a nova vila passou a chamar-se vila de São Mateus.

Com a chegada do padre Pero Soares, e a conselho deste, retirou-se para a fazenda do capitão-mor Miguel de Azeredo, na vila Velha. Recebeu ali tratamento para seus males e descansou por algum tempo. Mas ali, pelo mês de maio de 1597, pressentiu que a sua morte se aproximava e fez-se transportar em canoa para Reritiba. Fui para lá também e acompanhei-o de perto. Mostrou-me ele sua última composição poética, o *Auto de Santa Isabel*, destinado a ser levado à cena na igreja do Rosário, em vila Velha.

Mas, meu caro Theóphilo, nos seis meses em que o padre José permaneceu no mundo para aconselhamento, antes do padre Pero Soares chegar, aconteceram fatos na presença dele. João Soares, muito amigo do padre José, estava com forte disenteria, febre e fastio. O padre José foi visitá-lo e ouviu suas queixas. Dizia ele que morreria logo de fraqueza. Só naquela noite havia se levantado várias vezes. Padre José impôs-lhe a mão, tocando-o levemente, e disse-lhe:

– Ora, meu filho, não fiques aí a lamentar-te e tem fé, que haverás de ficar curado.

João Soares curou-se. Padre Bartolomeu, que participou de tudo, narrou-me este fato e classificou-o como verdadeiro milagre.

De uma outra vez, uma senhora muito devota, que mandava sempre algum alimento aos religiosos, d. Áurea Dias, queixou-se de que seu marido estava demorando a voltar para casa, pois por oito anos estava fora em viagem demorada. O padre José fez preces e prometeu-lhe que Deus lhe daria uma resposta. Certo dia, chamou-a e disse-lhe:

– Senhora, olhai bem aquilo que nos trazeis todos os dias, juntai tudo e guardai para o décimo dia do mês de abril, porque neste tereis em casa o vosso marido. Ele vem necessitado e não trará mais do que a roupa que veste.

O dia foi anotado e d. Áurea esperou o marido e recebeu-o tão pobre e necessitado como o padre José havia previsto.

Por esse tempo, ainda superior na casa do Espírito Santo, muitas coisas extraordinárias foram testemunhadas, inclusive por mim mesmo e por meus ordenanças, que sempre estavam fazendo algo pelo padre José. Achava-se ele na vila Velha, no engenho de Miguel de Azeredo, que ficava perto do monte Moreno, ao lado do monte da Penha, quando foi vista no teto uma macaca vinda talvez dos matos vizinhos. Correram todos os da casa, cercaram-na, mas não conseguiram capturá-la. Padre José disse a todos:

– Esperai, esperai, não vos canseis, que ela virá.

Chamou o animal, sem que ninguém soubesse da linguagem que usou. A macaca, inesperadamente, veio logo à sua mão. O padre José afagou-a e amansou-a. Até hoje essa macaca anda por lá.

Ficou célebre por aqui o caso da pedra do engenho de Miguel Azeredo que a queria para lájea da mesa de sua oficina. Era uma pedra grande e pesada e todo o seu pessoal era insuficiente para movê-la. Padre José foi com Azeredo ao local e disse:

– Mande vir a gente, que eu ajudarei. Espero que Deus permita cumprir o teu desejo.

Veio o pessoal e padre José, pondo uma só mão na pedra, fê-la mover com facilidade. Mandou que a fossem levando para o engenho. Ao entrar no engenho a pedra tornou a ficar pesada e o padre José foi solicitado novamente. Ele tornou a tocá-la e só assim puderam colocá-la no lugar. Todos conhecem hoje 'a pedra de José'.

Nessa mesma ocasião, ao chegar a hora do jantar, Azeredo mandou convidar o padre José. Ele foi procurado por todo o engenho e não foi encontrado. Buscaram-no novamente e encontraram-no num lugar onde já o haviam procurado. Estava todo enlevado, em profunda contemplação, em completo êxtase, antes com invisibilidade, sem que ninguém pudesse dar fé de onde estava. Aliás, não foi essa a primeira vez que o encontraram arrebatado na capitania. Certa vez, na ermida da Penha, onde sempre havia muita romaria de devotos em busca das novenas à Virgem Senhora Nossa, o padre José foi visto, em presença de muitos, em êxtase admirável, no meio da missa, depois de levantar a hóstia e o cálice. Sua fé era grandiosa e ele participava dos acontecimentos dos Céus.

Correu fama na capitania das histórias sobre os dois pássaros canindés que acompanhavam o padre José por onde estivesse. Quando ele ia pregar nas igrejas, os pássaros acompanhavam-no, a pé ou voando; quando subia no púlpito, os pássaros iam para o campanário e esperavam a pregação terminar. Só que, quando o sermão era muito longo, grasnavam alto para que o padre José os ouvisse e parasse, ao que ele dizia: "Logo acabamos, logo acabaremos." Certa vez disse para o auditório: "É bom que acabemos, que têm razão."

O religioso Gaspar Soares contou-me um dia que, muitas vezes, quando padre José subia ao púlpito, um passarinho verde e formoso, parecendo um tuim, voava e pousava no seu ombro. É um pássaro muito raro por aqui.

Sucedeu, certa vez, quando houve uma festa na aldeia de São João, muitos da vila de Vitória estavam presentes, inclusive o padre José com outros irmãos. Entre danças e outros jogos houve também o 'correr o pato', isto é, uma disputa de destreza com o cavalo numa corrida, quando dois cavaleiros disputam o pato. Numa dessas corridas, não se chegou à conclusão de quem merecia o pato. Pediram ao padre José que fosse o juiz. Olhou à sua volta e viu um menino de cinco anos, mudo, de nome Estêvão Machado. Padre José, então, mandou que ele dissesse quem havia ganho o pato.

– Menino, diga para todos quem foi que mereceu o pato.

Todos se admiraram, pois o menino era sabidamente mudo e o padre José havia pedido o impossível. Mas houve uma expectativa. O menino, recobrando a fala, respondeu desembaraçadamente:

– É meu, deixem que eu o leve para minha mãe.

Deram-lhe o pato, depois de terem presenciado um extraordinário fenômeno de cura. O próprio Estêvão, ainda vivo, é testemunha disto.

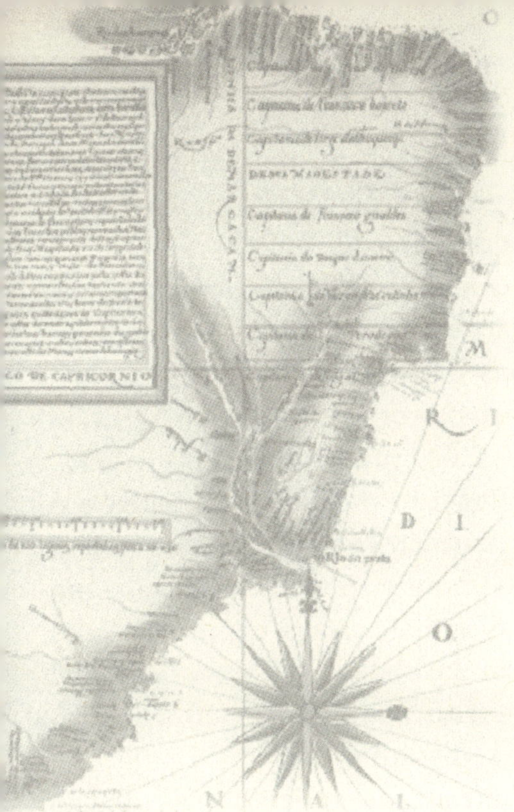

27

Desobrigado de ser o provincial pelo padre visitador Cristóvão de Gouvea, após tantas viagens, providências e moléstias sofridas por oito longos anos, o padre José foi residir no colégio do Rio de Janeiro no ano de 1586. Era muito trabalho, não só no Rio, mas também nas aldeias. Ele, mesmo com seu corpo alquebrado de tantas lutas, estradas, mares, rios e enfrentamentos, não deixava de trabalhar, sempre amparando uns e tratando de outros, dando confissão, doutrinando e assumindo tarefas dos que ficavam doentes. Até que ele mesmo ficou doente e teve que se retirar para o leito, deixando todos preocupados, pois que pensavam que ia morrer e haveriam de ficar sem o protetor e intercessor junto a Maria, mãe de Jesus, de quem era homem devoto.

Padre José percebeu a aflição dos irmãos, dos funcionários e dos índios e não podendo vê-los em tal agonia, disse-lhes:

– Que ninguém fique triste no colégio, porque ainda não morrerei desta vez, nem neste colégio, nem nesta cidade; meus últimos dias serão na capitania do Espírito Santo.

Após dois anos em que estava no Rio, chegou carta da Bahia, pedindo que fosse para o Espírito Santo. As preocupações no Espírito Santo eram as mesmas das outras capitanias, a catequese dos índios, a defesa contra os corsários, as matas a serem desbravadas, os rios caudalosos e os muitos perigos.

Em 1592 houve uma congregação provincial na Bahia e o padre José foi convidado. Permaneceu lá pouco tempo, pois o padre Marçal Beliarte enviou-o como visitador às casas do Rio e de São Vicente. Depois dessas visitas, estava em missão com o padre João Fernandes, quando lhe chegou um recado que lhe pedia voltasse ao colégio do Espírito Santo. Ele, então, virando--se para o padre João Fernandes, disse-lhe:

– Sabes do que se trata? Nomeiam-me superior, mas olha só o meu estado.

Ao chegarem à cidade de Vitória, entregaram-lhe uma carta que realmente o nomeava superior daquele colégio e das residências.

Por duas vezes salvou a capitania do Espírito Santo. Na primeira, às dez horas da noite, chamou um ordenança e disse-lhe:

– Vai correndo ao capitão e dize-lhe para tocar os tambores de alarme e preparar-se para a defesa, pois os corsários estão vindo.

Quando os corsários chegaram, viram que os da terra estavam prevenidos e deram em retirada. Na segunda vez, mandou o porteiro tocar o sino e avisou que os inimigos atacariam no dia seguinte.

Com seus sessenta e um anos de vida, que pareciam oitenta, tantas foram as lutas e doenças, deixou de ser superior em Vitória e foi alojar-se na aldeia de Reritiba, mais ao sul. Ele havia sido liberado pelo provincial para ir onde quisesse, mas ele dizia:

– Não quero tanta liberdade para mim, porque pode ser causa de cegueira espiritual e de entrar pelo caminho errado, pois o homem ainda não sabe escolher o que lhe mais convém. Há quarenta e dois anos deixei tudo, inclusive a minha livre disposição, nas mãos dos meus superiores, não será agora, na minha velhice, que irei dispor de mim.

Escreveu ao padre Fernão Cardim, reitor do colégio do Rio de Janeiro, colocando-se sob as suas ordens. Mas o reitor, sabendo que ele se dava muito bem com os índios, mais do que com os portugueses, ordenou-lhe que permanecesse em Reritiba, para ajudar o padre Diogo Fernandes na doutrina dos índios. Por isso, dizia ele, quase num desejo:

– Poderá ser que a providência divina me ordene a acompanhar o padre Diogo numa de suas expedições pelo sertão para evangelizar os índios. Porque não mereço ser mártir de outro modo; quem sabe a morte não me ache desamparado em algumas dessas montanhas, onde minha alma deverá partir, trabalhando em favor dos meus irmãos.

Quando dos seus momentos de repouso, escrevia cartas para os irmãos distantes e sobre a vida dos irmãos que morriam nas lides missionárias do Brasil. Em 1596, recebeu uma carta da vila de Vitória. Era do superior do colégio. Cismado de que aquela vida quase selvagem poderia fazer-lhe muito mal à saúde, ele pedia ao padre José que fosse para Vitória, pois precisavam muito dos seus conselhos. Era uma jornada de quatorze léguas, mas José, sempre obediente, quis ir de qualquer maneira.

– Quero ir para a vila de Vitória, pois não quero dar aos moços exemplo de desobediência, mesmo nesta idade.

O padre Jerônimo Rodrigues e alguns índios acompanharam-no até à aldeia de Guaraparim, que fica a meio caminho. Choravam, antevendo que não estariam mais com o santo padre José. Mas este consolou-os:

– Tenham bom ânimo, haveremos de nos tornar a ver. Não será desta vez que morrerei.

Já em Vitória, recebeu uma carta do provincial que o nomeava, novamente, superior do colégio, até que o padre Pedro Soares o pudesse substituir.

Seis meses depois, o padre Soares chegou e José voltou a Reritiba. Vieram recebê-lo com muita alegria, mas o padre José estava triste pois sabia que sua hora de partir deste mundo estava chegando. Realmente seus males agravaram-se e ele teve que permanecer no leito.

Theóphilo, estou com minha nau principal fundeada em Reritiba e acompanho o padre José em sucessivas visitas, quando conversamos enquanto ele tem forças. Muitas coisas soube de sua própria boca. Seus exemplos, que muito bem sabe dissimular, e sua doutrina é belíssima, tanto convencem os índios quanto os nobres a seguirem o bom caminho. Seus sofrimentos agravam-se dia a dia.

No dia 8 de junho fui visitá-lo novamente. Estávamos praticamente calados, como dois irmãos que sabiam o que iria acontecer, mas não queriam acreditar, quando entrou um irmão acompanhado pela índia Pena Forte, dedicada auxiliar do padre José. Aprendera com ele o missal em latim e possuía uma bela voz. Pediu consentimento ao padre José para cantar-lhe o missal.

– Faze isso, minha filha, para que meu espírito saia deste corpo e voe por estas montanhas, vendo, por toda parte, a obra sacrossanta de Deus.

Ela, então, cantou como uma cotovia em seus dias mais alegres. Sua voz provocou em nós um êxtase maravilhoso, pois que era mais uma prece do que uma simples canção. José olhava para a abertura da janela, procurando o rio Benevente, margeando as árvores frondosas. Dali avistava o pequeno embarcadouro onde muitas vezes ele descia ao lado dos índios, explicando-lhes as belezas do evangelho de Jesus.

À noite foi pior, teve de preparar um medicamento para um irmão, pois ninguém o sabia fazer bem. Levantou-se e foi à cozinha. Sua fraqueza era muito grande e caiu desmaiado ao lado do fogão. Levaram-no para a cama, já com poucas esperanças de que vivesse.

Ao tornar à consciência, orava e suspirava para que a morte do corpo o deixasse partir. Suas palavras eram de fé e abraçava as imagens de Jesus e da Santíssima. Ao sentir que as forças estavam acabando, pediu o santo viático e a santa unção. Daí, viu-se logo que ele estava morrendo. Ao seu lado estavam os cinco irmãos que residiam na aldeia. Agonizou por meia hora, com muita paz e quietude, agradecendo com o olhar muito claro a todos os que ali o encomendavam a Deus. Depois disse:

– Jesus, Maria! – e faleceu.

Era domingo, dia 9 de junho de 1597. Estava com sessenta e três anos de idade.

Caro Theóphilo, comecei o meu relato assim que voltei à vila da Vitória e soube da morte do padre José, porém, só agora começo a terminar esta narração. Ainda te contarei outras coisas impressionantes que me fizeram meditar muito na seriedade espiritual de nossas vidas, fazendo-me crer que estamos aqui nesta Terra, cheia de provações e dificuldades, como se estivéssemos numa viagem marítima, entre calmarias e tempestades. Este foi o desfecho para a história daquele que possuía as chaves do Reino de Deus na Terra.

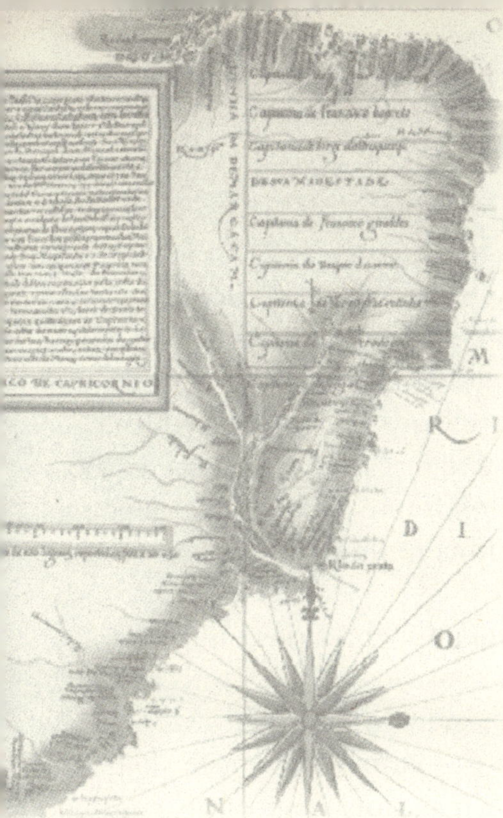

28

Sua morte foi noticiada e logo as aldeias ficaram completamente despovoadas. Homens, mulheres, velhos e crianças, gemendo, chorando e cantando hinos sacros, vieram venerar o corpo do homem de Deus. Todos pareciam ter uma lembrança, uma gratidão, um alento para contar acerca do padre José.

Ajuntaram-se os irmãos para decidirem o que fariam com os restos mortais do padre José, que falecera como queria, no meio dos seus gentios, das gentes simples que aceitaram à boa-fé o evangelho, para dignificação de suas almas. Decidiram levar o corpo em procissão para a vila de Nossa Senhora de Vitória, a cidade que possuía o nome da santa Mãe, de quem era fervoroso devoto. Enviaram na frente uma comissão para ir preparando o caminho, que seria pela praia, e teriam que atravessar muitos rios e braços de mar.

Primeiro alcançariam Guaraparim, depois Setiba, ponta da Fruta, atravessariam o rio Jucu e chegariam à prainha da vila do Espírito Santo. Dali, então, seguiriam em cortejo de barcos pelo canal, passando por entre as ilhas, costeando a ilha Duarte Lemos onde ficava a vila de Vitória. Fiz questão de seguir junto ao corpo, como última homenagem ao meu amigo, mais do que amigo. Embora eu fosse mais velho do que ele uns poucos anos, os seus conselhos para mim funcionaram como os de um pai.

Íamos em procissão, carregando o corpo do taumaturgo em seu próprio catre. Era leve e parecia que não oferecia resistência aos nossos músculos. Todos queriam carregar um pouco, mas ninguém se sentia cansado. Ia na frente a cruz, logo depois o padre João Fernandes e depois uma multidão de índios que parecia interminável.

Como esquecer aqueles cantos fúnebres dos indígenas. Pareciam mais toantes por serem cantados para o santo homem. Era uma tristeza só. Os lamentos eram levados pelos ventos dos mares e percorriam as selvas e até os animais pareciam silenciar. Realmente, não havia cansaço, mas uma disposição enorme, de dia e de noite. Mas uma coisa aconteceu que comentei com o padre Fernandes: havia no ar dulcíssimo perfume e pairava grande suavidade em nossas almas. A viagem durou três dias.

Todos de Vitória e da vila do Espírito Santo saíram para receber o cortejo. As autoridades, os prelados, os moradores, todos, inclusive o administrador, Bartolomeu Simões Pereira, o capitão-mor Miguel de Azeredo, os padres franciscanos da ermida da Penha, os irmãos da Santa Casa de Misericórdia e as confrarias existentes. Num lance todo particular, um dos mais letrados ali presentes observou que, embora o padre José já estivesse morto há três dias e viajado sob condições adversas, o seu corpo estava em estado de grande frescor e de todo incorruptível, como se tivesse acabado de falecer.

O corpo seguiu para a casa de São Tiago, que era o conjunto do colégio e da igreja de São Tiago. Os irmãos da Companhia de Jesus receberam-no em solenidades, prepararam o corpo e, no dia seguinte, cantaram uma missa, na qual o superior fez todos os elogios possíveis àquele que foi o padre José de Anchieta. No final, emocionado, denominou-o de Apóstolo do Brasil, como também Paulo foi considerado um apóstolo, sem ter convivido com Jesus, mas recebera a missão do próprio espírito Jesus de Nazaré, na estrada de Damasco.

Sepultaram o corpo do santo na igreja de São Tiago, junto ao de seu amigo, padre Gregório Serrão, cumprindo-se assim mais uma das profecias que o padre José havia feito para ele alguns anos antes. Estranhas que tenho chamado o padre José de santo? Pois sabe, meu caro Theóphilo, nem é preciso que o papa promulgue tal decreto em suas bulas, pois o povo, os índios e todos os que conviveram com padre José já o têm como santo milagreiro e sábio. Demais, 'santo' quer dizer 'de Deus', 'consagrado a Deus', e não foi assim a sua vida?

Todo o tempo tenho lembrado o segredo da última chave do Reino que, no seu leito de morte, o padre José me segredou. Perguntei-lhe:

– Padre José, meu amigo, não me ensinastes ainda a terceira chave para que também eu abra os portais da luz divina em meu coração.

Ele, de modo significativo, olhou profundamente em meus olhos e disse:

– Meu amigo, tu tens sido nos últimos quarenta e dois anos, mais que um amigo, és meu irmão. Seguiste os conselhos que Maria Santíssima te enviou por meu intermédio. Tens usado a terceira chave por toda a tua vida e não sabes qual é?

– Não entendo!...

– Meu filho, a terceira chave é a *caridade*. É com ela que aplicamos o amor de Deus junto aos homens. Não amparaste os aflitos que bateram à tua porta, não supriste os famintos, não lutaste pela salvação de muitos, garantindo a fé cristã nestes caminhos do Brasil? Nada temas. A vida muito ainda pedirá de ti. A ordem para os lavradores da seara de Jesus não é mais o uso da espada, outras são as armas – *a fé, a esperança e a caridade*.

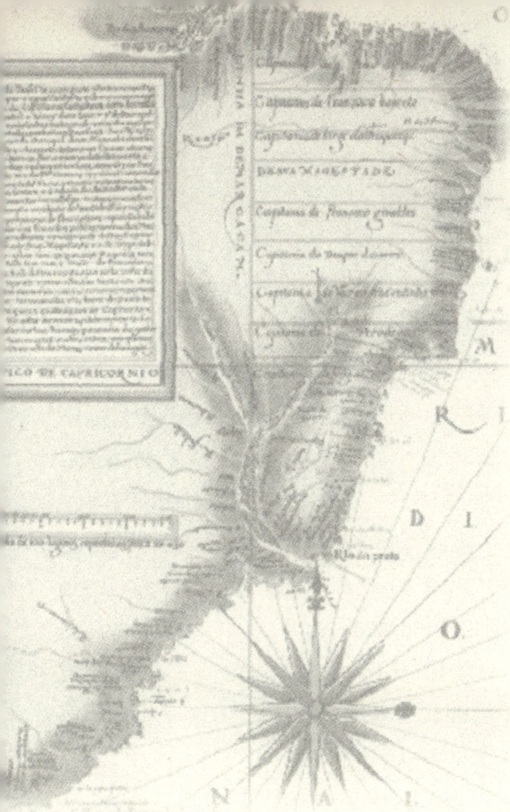

29

Não sou mais jovem, estou beirando os setenta anos de idade, cinquenta de aventuras pelos mares da Europa e do Brasil. Minha Flor da Serra, minha Jandira amada ainda cuida de mim como se eu tivesse ainda meus quarenta anos. Ela está agora com trinta e oito anos. Temos vivido bem mais aconchegados do que pude com Rosita. Alguns de meus amigos já faleceram, uns em batalhas com os índios, com os holandeses ou com os franceses, outros nos mares, outros capturados por alguma tribo antropófaga de índios ferozes. Mas Deus quis que eu permanecesse por mais tempo por aqui. Quis voltar à Europa, mas acabei deixando-me enlevar pelos encantos desta terra e pelas aventuras.

Não posso queixar-me muito da vida, segui o conselho do padre José, quando certo dia, numa conversa sobre nossos destinos, ele me disse:

– Matias, digo-te, aproveita tua mocidade e trabalha fazendo o bem, para que possas ser farto e protegido em tua velhice.

Assim fui fazendo, sempre procurando saber como poderia ser útil onde quer que meus navios chegassem. Não medi esforços para deixar abrigados os religiosos que trabalhavam em benefício dos índios, das crianças e das mulheres desvalidas. Hoje já não sou jovem, mas tenho ainda muito vigor físico, talvez por minha vida saudável nos mares, nas fazendas e nas entradas. Não posso dizer ainda que seja um velho, mas tenho estado mais em casa, gerenciando os negócios. Entreguei a minha companhia de navegação nas mãos do jovem Marcos Esteves Filho, que por sinal se casou com d. Lúcia, a jovem prendada, lidadora com animais, filha da minha amiga, a viúva Torres. Aliás, soube que Lúcia permanece no engenho de sua mãe, ajudando-a na administração e também toma conta dos negócios do marido, enquanto ele navega e faz negócios. Ela tem muitos escravos a seus serviços e dirige-os com mãos férreas. Por sinal, o meu amigo Marcos Esteves acabou por se juntar com a viúva Torres e fazem bons negócios juntos, na velhice.

Glorita, já com certa idade, permanece ainda comigo e vive calmamente aconchegada com seu índio Amoré-açu, na minha chácara, na criação de cabras, produção de leite, galinhas, ovos e outros tantos produtos tão necessários à nossa alimentação.

Fiz uma grande casa, ampla, na colina onde está situada, ao sul, a casa de Santiago e o colégio dos jesuítas, no largo da igreja da Misericórdia. A casa está situada na beira do morro que dá para o canal que cerca a ilha de Miguel Lemos, na passagem que vai dar em Itaquari, a leste e para a antiga vila de Santo Antônio, a oeste do canal, indo para o sul. Logo abaixo de minha casa fica o lugar da grande batalha com os índios no dia de Nossa Senhora. Do outro lado do largo da Misericórdia está a igreja de Santa Luzia. A vida social de Vitória se resumia àquele largo, um local bom de defesa dos corsários e com uma boa visão para a baía. Os portugueses ganharam a guerra com os índios que sempre faziam incursões de ataque à ilha, vindo de canoas, e deram ao lugar o nome de vila da Nossa Senhora da Vitória, daí o nome atual da nossa vila. Atualmente estão começando a construir o convento de São Francisco, mais para dentro da ilha, numa parte mais alta ainda do que a da igreja de São Tiago.

Vejo da varanda o pequeno porto que fica logo abaixo do colégio dos jesuítas. As canoas passam, entram navios por entre as ilhas que formam um lindo arquipélago. Há muita caça, muitos pássaros, muitas vezes onças ferozes têm se aproximado, mas os homens saem à sua caça e elas fogem ou são capturadas. A meia légua daqui de minha casa para o norte, ainda na ilha, existe uma gruta onde, por diversas vezes, uma grande onça foi vista com seus filhotes. Chega a ser uma referência, como se diz por aqui: – Logo depois da 'gruta da onça'.

Aqui ainda é selva pura. Fora alguns desmatamentos para o plantio da cana-de-açúcar, temos muitas matas intactas, com suas árvores frondosas e seus animais, seus rios e peixes. A vida agora parece mais amena do que há anos, quando estávamos sempre em sobressaltos, ora com índios raivosos, ora com animais perigosos, como onças e cobras enormes.

Eu mesmo tenho em meus cômodos de negócios o couro de uma enorme jiboia que atacou o meu cão de guarda na minha chácara por onde corre o rio Jucutuquara. Ela desceu da mata que fica circundando uma grande pedra alta com duas cavernas, sugerindo uma cabeça com dois olhos. Do mar, esta pedra é vista a quatro léguas da costa e serve para dar ótima direção aos navegantes. Tenho tapete com couro de uma onça enorme. Serviu muito para aconchegar as crianças para dormirem no chão. Tenho insetos que nunca viste. Couro de jacarés enormes. Caveiras de diversos macacos.

Isto é falar pouco. A estabilidade social e as riquezas têm garantido uma vida saudável na capitania. Existem nas redondezas, pelo menos sete engenhos de açúcar e os negócios vão bem. O povo é simples e os índios amigáveis. Creio que estarei bem e não pretendo voltar a Portugal nesta existência. Estou completo aqui, tenho tudo o que quero, uma índia amorosa, amigos respeitáveis e estou em paz com minha consciência.

Dá lembranças minhas aos meus e aos teus familiares e recebe o meu abraço de amigo que te espera cá por estas plagas.

Desta vila de Vitória, capitania do Espírito Santo, em 20 de junho de 1597.

Do seu humílimo amigo,

Matias de Lucena

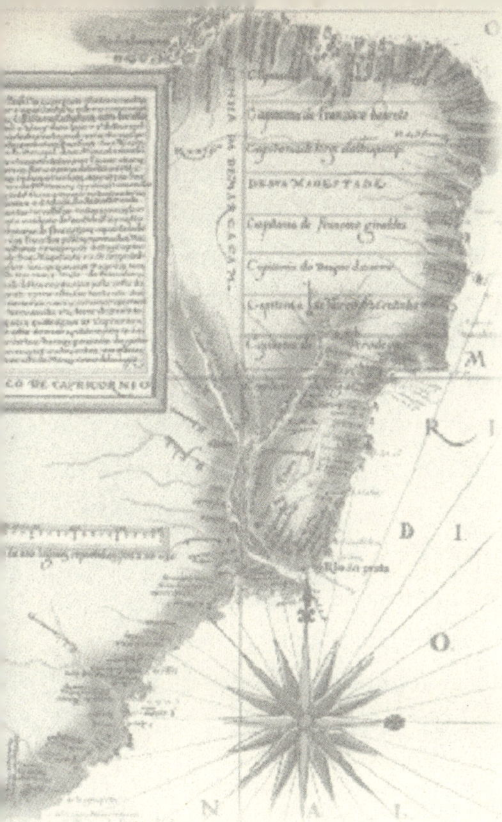

Epílogo

Após a leitura, página por página, de todos os relatos, percebi que todo o tempo estava lendo o que eu mesmo havia escrito no passado e de alguma forma a direção de minha vida mudou para uma existência mais afeita à espiritualidade, pois que reaprendi a usar as *chaves do Reino*. Passo a passo fui reconstituindo a minha própria vida atual, lembrando a minha infância, o local onde vivo, a paisagem, a minha casa atual, as minhas atividades e verifiquei que muitos dos eventos existenciais pelos quais passei tinham razão de ser. Tentarei enumerá-los para demonstrar que o espírito Fulgêncio estava corretíssimo em seu parecer ditado à médium Maria do Perpétuo Socorro.

A minha mãe é devota do beato padre José de Anchieta e sempre me contava histórias da vida dele. Quando viemos morar em Vitória (antiga vila de Nossa Senhora da Vitória), capital do estado do Espírito Santo, eu era criança e fomos morar na beira do riacho Jucutuquara, que deu nome ao bairro, onde ficava a antiga sesmaria deixada de herança para os jesuítas.

O grupo escolar do estado, onde estudei, ficava na foz do rio Jucutuquara e se chamava Grupo Escolar Padre José de Anchieta. Estudei ali o primário, depois fui matriculado no colégio Católico, próximo às antigas ruínas do forte São João, construído no tempo do Brasil colônia, onde estudei o ginásio. Todos os dias cantávamos, antes do início das aulas, o *Hino ao venerável padre Anchieta*, letra de Aquino Corrêa e música de José Valentino:

> Aqui nesta terra mimosa e sagrada
> Foi que a alma gentil quis a Deus entregar,
> O apóstolo audaz da floresta assombrada,
> O angélico poeta das praias do mar.
>
> Anchieta! O teu nome é um poema que encerra
> Os ciclos heroicos do nosso Brasil;
> Que, pois, ele viva abençoando esta terra,
> No bronze da glória, por séculos mil!
>
> Pregavas outrora em tribunas soalheiras,
> Que as aves cobriam do plúmeo dossel:
> Assim, nessa estátua entre as auras fagueiras,
> Tua alma hoje fala a este povo fiel.
>
> Sim! Prega-nos sempre o teu doce Evangelho,
> Nas selvas dos erros que abrumam os céus,
> E todo Brasil cairá de joelhos,
> À luz do Cruzeiro, adorando o teu Deus!

A cinco quilômetros ao norte da ilha de Vitória estão as ruínas da igreja de São João, no bairro Carapina, e a sessenta quilômetros a aldeia de Nova Almeida, que guarda as ruínas da igreja dos Reis Magos, do século XVI. A sessenta quilômetros ao sul de Vitória estão as aldeias de Guarapari e de Anchieta, antiga Reritiba, onde faleceu o padre Anchieta. Por diversas vezes visitei a aldeia Anchieta, o museu de Anchieta e a cela onde faleceu, tendo, ao lado, o rio Benevente vindo do interior do estado para encontrar-se com o mar. Quantas vezes da janela da pequena cela do jesuíta, eu olhava o caudaloso rio Benevente e parecia ver o venerável padre José recebendo os índios que chegavam em canoas, do interior. Da beirinha do rio, ele ajuntava-se aos índios e ia guiando-os ribanceira acima até o colégio. Parecia falar-lhes do seu evangelho e das delícias prometidas aos eleitos de Deus.

Por diversas vezes fiz o trajeto Vitória-Anchieta, passando pelo rio Jucu e pela ponta da Fruta, local onde o padre José proferiu interessante profecia. Percorri as mesmas praias que ele, visitei as mesmas igrejas, tanto em Vitória, quanto em Vila Velha, Nova Almeida, Anchieta e o próprio convento da Penha.

O local do engenho de Vasco Coutinho, na fazenda da Costa, hoje é conhecido como praia da Costa e o ribeirão que banha aquelas terras desemboca entre o morro Moreno e o morro da Penha. Um dos engenhos de Miguel de Azeredo ficava num lugar hoje conhecido como Itaquari. Tudo aqui me lembra aqueles dias, aqueles anos heroicos do século XVI. A entrada do porto, o canal que circunda a ilha de Vitória, as ilhas do arquipélago e a minha própria casa, de dois pavimentos, suspensa numa das pedras da ilha do Frade, mirando o oceano, como à espera de novas caravelas.

Nas redondezas de Vitória existe um bairro chamado Anchieta, onde existe uma instituição espírita denominada José de Anchieta, aliás, tudo na cidade lembra o venerável padre. O palácio do governo chama-se palácio Anchieta e era o antigo colégio dos jesuítas, colado à igreja de Santiago, onde, por diversas vezes, Anchieta foi superior e conselheiro. Lá está o seu túmulo, sempre aberto à visitação.

Maior coincidência ainda é que sou casado com Rosete Ortis Gonçalves, morena, neta de portugueses, dedicadíssima aos trabalhos assistenciais numa aldeia situada ao norte de Vitória, onde presta assistência constante àquelas pessoas empobrecidas das redondezas.

Por outro lado, tenho baseado meus trabalhos de teologia nos escritos de são Paulo apóstolo e aprendi com seu evangelho a valorizar mais os recursos espirituais que os bens materiais, a humildade de quem sempre quer aprender e cultivar a pureza de coração e a de pensamento.

Os séculos passaram, mas, por incrível que pareça, o passado está tão presente que às vezes se confunde com a atualidade e acabamos por repetir as mesmas tendências e a procurar os mesmos corações que nos sensibilizaram antes. Sei agora que não é suficiente saber quais as chaves que abrem as portas do Reino, é preciso saber usá-las com competência.

Fim

Álbum de Fotografias

José de Anchieta, em têmpera, no forro da sacristia da Basílica de Salvador, arte atribuída ao pintor jesuíta Domingos Rodrigues, concluída em 1660. Esta pintura é considerada a que retrata com maior fidelidade a fisionomia de José de Anchieta. Informação obtida graças à colaboração do senhor Élzio Ferreira de Sousa. (Fotografia de Paulo Novais)

Detalhe da pintura representando José de Anchieta, no forro da sacristia da Basílica de Salvador. (Fotografia de Paulo Novais)

Igreja de Nossa Senhora da Assunção, no início do século XX, em Reritiba, depois chamada de vila Benevente, hoje cidade de Anchieta, ES. O colégio está agregado à igreja. Numa das celas na residência anexa a esta igreja faleceu o venerável padre José de Anchieta, em 1597, aos sessenta e três anos de idade.

A Igreja Nossa Senhora da Assunção, Anchieta, ES, em foto atual.

Túmulo de Anchieta, em foto do início do século XX, construído na capela da igreja de Santiago, no colégio dos Jesuítas de Vitória, hoje, palácio Anchieta, sede do governo estadual.

O palácio Anchieta, sede do governo do estado do Espírito Santo, antigo colégio dos Jesuítas, após sua completa restauração. Está situado no centro de Vitória, numa colina. Antigamente, embaixo das escadarias, mais modernas, existia um pequeno porto.

Vista do rio Benevente, obtida da cela onde faleceu o padre José de Anchieta, na residência de Reritiba. Segundo as tradições, Anchieta agonizou em seu leito que estava colocado à direita. Ficava recostado, observando o rio, que tantas e tantas vezes atravessara para encontrar-se com seus queridos gentios. Enquanto, por certo, seus irmãos, vinham consolá-lo, tendo ao seu lado uma índia batizada que lhe cantava o missal em latim.

Foto obtida da porta da cela onde faleceu
o padre José de Anchieta, na residência de Reritiba.

Foto do início do século XX do pequeno altar que existia na cela da residência dos jesuítas, onde faleceu o padre José de Anchieta. À direita vê-se o busto de Anchieta em bronze e a sua cadeira. Nesse altar ele rezava diariamente a sua missa.

Imagem do Cristo crucificado da época do padre José de Anchieta. A madeira desgastou-se com o tempo, permanecendo a louça. Esta imagem encontra-se afixada na parede da antiga cela de Anchieta, em sua residência em Reritiba.

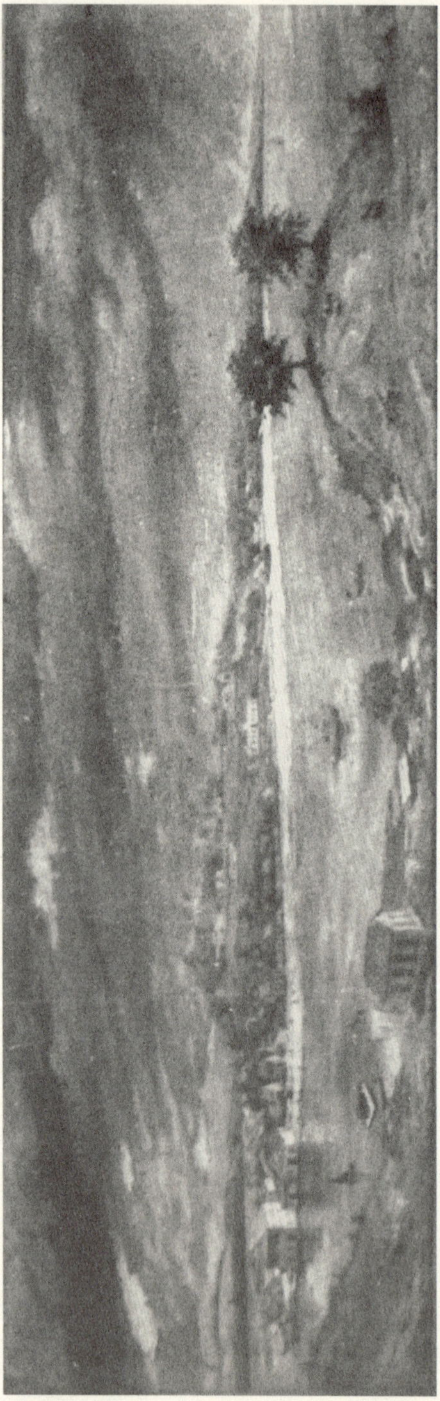

Antiga vila Benevente, outrora Reritiba, hoje Anchieta, em óleo que se encontra no Colégio dos Jesuítas, Anchieta, ES.

Vista da pequena cidade de Anchieta, ES,numa foto tirada da margem sul do rio Benevente. À esquerda, a foz do rio segue o mar, vendo-se a praia estreita, sem ondas. Nesta colina fica o Colégio dos Jesuítas.

Esta edição foi impressa, em maio de 2016, pela Assahi Gráfica e Editora Ltda., São Bernardo do Campo, SP., sendo tiradas três mil cópias em formato fechado 15,5 x 22,5cm, em papel Norbrite Cream 66,6 g/m² para o miolo e Nigbo Cs2 250g/m² para a capa. O texto principal foi composto em Berkeley 12/14,4. A produção gráfica de capa é de César França de Oliveira.